COURS

D'ART ET D'HISTOIRE

MILITAIRES,

Par J. VIAL,

CAPITAINE D'ÉTAT-MAJOR,

Professeur d'Art et d'Histoire militaires à l'École impériale d'application d'état-major.

APPENDICE

ORGANISATION ET SERVICE DES ÉTATS-MAJORS

PARIS,

LIBRAIRIE MILITAIRE

J. DUMAINE, LIBRAIRE-ÉDITEUR DE L'EMPEREUR,

Rue et Passage Dauphine, 30

1861

COURS

D'ART ET D'HISTOIRE

MILITAIRES.

COURS

D'ART ET D'HISTOIRE

MILITAIRES,

Par J. VIAL,

CAPITAINE D'ÉTAT-MAJOR,

Professeur d'Art et d'Histoire militaires à l'École impériale d'application d'état-major.

APPENDICE.

ORGANISATION ET SERVICE DES ÉTATS-MAJORS.

PARIS,

LIBRAIRIE MILITAIRE.

J. DUMAINE, LIBRAIRE-ÉDITEUR DE L'EMPEREUR,

Rue et Passage Dauphine, 30.

1861

SOMMAIRES DES LEÇONS.

PROGRAMMES ANALYTIQUES

DES LEÇONS.

1re Leçon.

Considérations générales. — Utilité et objet des états-majors.

Aperçu historique jusqu'à l'organisation du corps d'état-major moderne en 1818. — Organisations de 1818, de 1826, de 1833. — Modifications à diverses époques.

Service des officiers d'état-major dans les régiments.

2e Leçon.

Positions diverses des officiers d'état-major.

Service dans les divisions territoriales. — Composition des états-majors divisionnaires. — Détails du service. — Organisation des bureaux.

Autorités avec lesquelles correspondent les bureaux de l'état-major d'une division territoriale. — Formes générales de la correspondance.

3e Leçon.

Détails des affaires traitées dans les différents bureaux d'un état-major divisionnaire.

Principaux états à établir. — Situations et rapports.

Registres à tenir dans une division territoriale.

4e Leçon.

Service des officiers d'état-major dans les divisions actives à l'intérieur. — Relations entre les divisions actives et les divisions territoriales.

Service des officiers d'état-major aux divers états-majors d'une armée active en campagne. — Service actif. — Service de bureau.

5ᵉ Leçon.

Service des aides de camp. — Principes généraux.

Aides de camp des généraux de brigade commandant des subdivisions territoriales.

Aides de camp des généraux de brigade commandant des brigades actives à l'intérieur ou en campagne.

Des revues trimestrielles.—Époque, objet et détails de ces opérations.

6ᵉ Leçon.

Service des aides de camp des généraux de division commandant des divisions territoriales.

Service des aides de camp des généraux de division commandant des divisions actives à l'intérieur ou en campagne.

Des inspections générales.—Époque, objet et détails de ces opérations.

7ᵉ Leçon.

Dépôt de la guerre. — Son historique. — Son organisation. — Travaux des officiers qui y sont attachés.

Positions particulières que peuvent occuper les officiers d'état-major. — Ministère de la guerre. — École d'application. — Place de Paris. — Ambassades, etc.

8ᵉ Leçon.

Coup d'œil sur les états-majors étrangers. États-majors de la Prusse, de l'Autriche et de la Russie.

De la littérature militaire. — Ouvrages relatifs à l'art proprement dit. —Ouvrages historiques.

COURS
D'ART ET D'HISTOIRE MILITAIRES.

APPENDICE.

ORGANISATION ET SERVICE DES ÉTATS-MAJORS.

PREMIÈRE LEÇON.

Considérations générales. — Utilité et objet des états-majors.

Aperçu historique jusqu'à l'organisation du corps d'état-major moderne en 1818. — Organisations de 1818, de 1826, de 1833. — Modifications à diverses époques.

Service des officiers d'état-major dans les régiments.

I.

Le travail que nous entreprenons sur l'organisation et le service des états-majors sera divisé en huit leçons.

Après les considérations générales qui feront l'objet de la première, nous passerons successivement en revue les différentes positions que peuvent occuper les officiers d'état-major.

Nous terminerons dans la huitième leçon par un coup d'œil sur les états-majors étrangers.

Le but que nous nous proposons est de faire connaître les positions d'état-major auxquelles les officiers du corps peuvent être appelés et d'indiquer en même temps, d'une manière générale, les principes du service que l'on doit faire dans chacune d'elles.

Je dis d'une manière générale, parce que le service des états-majors n'est pas réglé comme celui des autres armes.

L'infanterie, la cavalerie, l'artillerie, ont des règlements pour le service intérieur et pour le service en campagne.

L'état-major n'en a pas. Son service n'est pas défini. Il est réglé par les généraux et par les chefs d'état-major. Il varie, par conséquent, avec les individus et avec les circonstances.

On ne peut donc sur ce sujet que présenter des idées générales, qu'esquisser la manière dont les choses se passent le plus ordinairement, sans rien préciser d'une manière absolue et en se rappelant toujours que le général dont on est l'aide de camp, que le chef d'état-major sous les ordres de qui l'on se trouve, peuvent à chaque instant modifier les règles du service.

De ces considérations générales, passons à l'objet et à l'importance des états-majors.

Nous avons vu, dans l'organisation des armées, comment était constitué le commandement des grandes unités qu'elles présentent, c'est-à-dire, des brigades, des divisions, des corps d'armée, des armées actives.

Les généraux qui se trouvent à la tête de ces diverses unités ont des obligations considérables. Ils doivent ordonner, voir, surveiller tout ce qui a rapport aux troupes sous leurs ordres. Ils doivent pourvoir à tous leurs besoins. Ils doivent présider à tous leurs mouvements.

Pour suffire à des occupations aussi étendues et aussi multipliées, ils ont évidemment besoin d'avoir auprès d'eux des officiers destinés à faire exécuter leurs ordres et à les soulager du poids des détails de tant de genres différents de service.

« Pour faire mouvoir habilement une grande armée, « dit le général Lamarque, celui qui la commande « doit avoir cent voix, cent yeux, cent oreilles. Ces « voix, ces yeux, ces oreilles, ce sont les officiers de « son état-major. »

L'état-major est donc destiné à aider le commandement. Il sert d'intermédiaire entre les généraux et les troupes. C'est le lien qui réunit entre elles les grandes unités de l'organisation. C'est le cadre de leurs mouvements, particulièrement de ceux exécutés en présence de l'ennemi.

On en trouve l'utilité dans toutes les circonstances de la guerre.

A la frontière, l'état-major concourt à l'organisation de l'armée.

Dans les marches, il précède les colonnes pour montrer le chemin, pour reconnaître le pays, pour avoir des nouvelles de l'ennemi.

Dans les camps, il fait les reconnaissances préliminaires, il indique les emplacements des troupes, il établit les situations numériques.

Dans les batailles, il fournit les renseignements et les croquis préparatoires, il trace les lignes, il guide les colonnes d'attaque, il transmet les ordres et les instructions des généraux.

« Un bon état-major, dit le général Jomini, est in-
« dispensable pour bien constituer une armée ; il faut
« le considérer comme la pépinière où le général en
« chef doit puiser les instruments dont il se sert ;
« comme une réunion d'officiers dont les lumières
« doivent seconder les siennes. Il y a ainsi harmonie
« entre le génie qui commande et les talents de ceux
« qui doivent appliquer ses conceptions. »

L'importance des états-majors n'est pas reconnue
seulement au point de vue de l'organisation d'une armée active. On la reconnaît encore au point de vue de
l'organisation militaire d'un État.

« Un bon état-major, ajoute le général Jomini, a
« l'avantage d'être plus durable que le génie d'un seul
« homme ; il conserve les traditions ; c'est la meil-
« leure sauve-garde d'une armée. Il est à l'armée ce
« qu'un ministère habile est à l'État. Il seconde le
« chef lorsque celui-ci est en état de tout diriger par
« lui-même. Il prévient les fautes et les empêche,
« quand le général est inhabile au commandement. »

C'est par suite des considérations qui précèdent que
toutes les puissances de l'Europe ont aujourd'hui des
états-majors organisés d'une manière permanente.

II.

Il en fut ainsi à toutes les époques : ou, du moins, à
toutes les époques et dans toutes les armées, on a vu
des officiers remplissant des fonctions analogues à celles que remplissent les officiers d'état-major de nos
jours.

Il y en avait dans les armées de l'antiquité : les armées grecques et romaines.

Au moyen âge, les *maréchaux* et les *sergents de bataille* rangeaient les armées dans leur ordre de combat,
traçaient les camps, faisaient les reconnaissances et
les avant-gardes.

« Dans les guerres de religion, dit M. de Carrion-
« Nisas, Biron, Lanoue et Tavannes sont de vérita-
« bles officiers d'état-major. »

Sous Louis XIII on voit des *maréchaux de bataille*.

Sous Louis XIV, en 1672, le marquis de Louvois,
créateur de l'armée française moderne, donne à l'état-
major de l'époque une organisation complète.

Il le divise en quatre branches principales :

> Un état-major général ;
> Un état-major de l'infanterie ;
> Un état-major de la cavalerie,
> Et un état-major des dragons.

Dans une armée active, il y avait :

Un *maréchal général des logis*, remplissant les fonctions de chef d'état-major et secondé par des *aides maréchaux des logis*.

Il y avait de plus :

> Un major-général de l'infanterie ;
> Un maréchal des logis de la cavalerie ;
> Un major-général des dragons ;
> Un capitaine des guides,
> Et enfin des officiers subalternes ou des adjoints en nombre
> suffisant.

L'état-major créé par Louvois et illustré par Puysé-
gur subsiste sous Louis XV.

On propose cependant à M. de Choiseul un projet
d'organisation à peu près semblable à ce que nous
avons aujourd'hui.

Ce projet est repoussé ; mais on le retrouvera plus tard dans les cartons du ministère, et il servira de base à de nouvelles créations.

A la Révolution, l'organisation de l'armée s'écroule en même temps que toutes les autres parties de la vieille monarchie.

Les états-majors disparaissent avec le reste.

Mais bientôt les nécessités d'une guerre européenne forcent l'Assemblée législative, et plus tard la Convention, à créer une armée nouvelle et en même temps des états-majors.

On retrouve, en 1790, le mémoire dédaigné par M. de Choiseul en 1762. On en suit les principales dispositions.

L'état-major de la République se compose d'adjudants généraux et d'adjoints.

Les adjudants généraux sont pris parmi les chefs de demi-brigade, c'est-à-dire les colonels, et parmi les chefs de bataillon.

Les adjoints sont pris parmi les capitaines et les lieutenants.

Les chefs d'état-major des armées actives sont pris parmi les généraux.

L'état-major d'une armée active à l'époque dont nous parlons comprend :

Un général de brigade, chef d'état-major général ;

Un certain nombre d'adjudants généraux, chefs d'état-major des divisions ou attachés à l'état-major général ;

Un nombre d'adjoints variable suivant les besoins du service, ordinairement trois pour les divisions de force ordinaire. Il y en avait un dans les divisions de l'intérieur ;

Enfin des sous-officiers secrétaires.

Les fonctions des officiers d'état-major de la République sont déterminées par un règlement de 1792.

Il y a donc à cette époque des officiers d'état-major. Mais il n'y a pas encore de corps d'état-major proprement dit. Les adjudants généraux, les adjoints dont je viens de parler, appartiennent à des régiments dont ils sont détachés temporairement. Ils manquent par conséquent d'une instruction spéciale et uniforme. Ils manquent des principes et des traditions qui sont le partage des corps constitués depuis longtemps.

En même temps le génie, moins désorganisé que les autres armes par l'émigration, usurpe une portion importante des fonctions de l'état-major, c'est-à-dire les reconnaissances de l'ennemi.

Les reconnaissances du terrain, ainsi que les opérations relatives aux cartes et aux plans, se trouvent entre les mains des ingénieurs-géographes. Ces officiers, qui ont fait leur première apparition sous Louis XIII, qui, sous Louis XIV, ont reçu de Vauban une organisation militaire, voient leur nombre augmenter et leur position s'améliorer sous la République, grâce à Carnot, qui les dirige.

De sorte qu'à l'époque de la Révolution, le service d'état-major est fait par trois corps distincts :

L'état-major proprement dit ;
Le génie ;
Et les ingénieurs-géographes.

L'état-major proprement dit joue un rôle considérable dans les armées. Les généraux les plus illustres de la République et de l'Empire sortent de ses rangs.

Je citerai :

Desaix, Gouvion-Saint-Cyr et Kléber, qui sont tous trois capitaines-adjoints à l'armée du Rhin ;

Ney, qui est adjudant général en 1796 ;

Soult, qui est chef d'état-major de la division Taponier en 1793 ;

Richepanse, qui est adjudant général à l'armée du Rhin ;

Marmont, qui est aide de camp du général Bonaparte ;

Suchet, chef d'état-major de Brune et plus tard de Joubert ;

Maison, Espagne, Lassalle, qui sont adjoints en 1796 ;

Molitor, Mortier, qui sont adjudants généraux ;

Belliard, qui sert aux états-majors de Dumouriez et de Beurnonville, et qui est en 1796 chef d'état-major de la division Augereau.

Enfin je citerai encore : Pacthod, Decaen, Abattucci, Miollis, Reynier, Saint-Hilaire, Dessoles, Victor, Mathieu Dumas, etc.

En même temps que la Convention s'occupe des états-majors que nous venons de voir, elle s'occupe aussi du dépôt de la guerre.

Ce dépôt, organisé par Louvois en 1688, reçut toutes les archives, tous les rapports, tous les documents relatifs à l'existence des régiments. Carnot, placé à la tête du dépôt, lui donne une grande importance. Il y institue un bureau topographique qui fournit aux armées les cartes, plans et renseignements dont elles ont besoin.

Voilà les principaux traits de l'historique de l'état-major pendant la période républicaine.

Sous l'Empire, le service de l'état-major perd de son importance. Il ne comporte que l'expédition des dépêches et la transmission des ordres. Il ne présente ni organisation, ni connaissance du terrain, ni instruction militaire ou spéciale. C'est une des parties faibles de la puissante organisation militaire de l'époque.

En 1800, un décret du premier Consul change les adjudants généraux en adjudants-commandants.

L'état-major se compose donc d'adjudants-commandants, d'adjoints et d'aides de camp.

En 1801, le cadre est fixé de la manière suivante :

Adjudants-commandants.	120
Adjoints aux états-majors.	200
Aides de camp { chefs d'escadrons.	120
capitaines.	360
lieutenants	360
Total.	1160

En 1812, il y eut 152 adjudants-commandants et plus de 1400 autres officiers.

Le cadre des ingénieurs-géographes à la même époque est fixé de la manière suivante :

4 colonels ;
8 chefs d'escadrons ;
48 capitaines ;
24 lieutenants ;
6 élèves.

Ces officiers doivent rectifier les anciennes cartes, en lever de nouvelles et faire surtout des croquis rapides d'après lesquels les généraux puissent arrêter leurs plans d'opérations.

Le Dépôt de la guerre reste, sous l'Empire, ce qu'il était sous la République. Il fournit au cabinet de l'Empereur et aux divers états-majors les cartes qui leur sont nécessaires.

Nous arrivons à la Restauration.

La retraite de Russie, la bataille de Leipzig et le désastre de Waterloo avaient anéanti l'armée impériale.

L'occupation de la France par les troupes étrangères gêna pendant longtemps le Gouvernement des Bourbons dans l'organisation d'une nouvelle armée.

Enfin, en 1818, le maréchal Gouvion-Saint-Cyr, qui occupait le ministère de la guerre, pensa sérieusement à la reconstitution de notre état militaire.

Les campagnes de l'armée de Rhin-et-Moselle, la conquête de la Catalogne, la bataille de Polotsk, la défense de Dresde, avaient illustré le nom du maréchal. Son instruction, sa connaissance de la guerre, ses talents militaires, ses principes méthodiques et sûrs, ses succès et la gloire qu'il avait acquise, donnaient une grande autorité aux créations qui allaient sortir de ses mains et aux travaux de son ministère.

Il organisa le corps d'état-major de la manière suivante:

Le cadre fut fixé à :

30 colonels ;
30 lieutenants-colonels ;
90 chefs de bataillon ;
270 capitaines ;
125 lieutenants,

formant un total de 545 officiers.

Pour remplir les fonctions de chef d'état-major des armées et des corps d'armée, il y eut, de plus, 8 lieutenants généraux et 16 maréchaux de camp.

Puis, comme le nombre des officiers du corps pouvait ne pas répondre aux besoins d'une grande guerre et de nombreuses armées, le ministre décida que les généraux pourraient prendre des officiers de troupe comme officiers d'ordonnance, mais seulement à défaut d'officiers d'état-major.

Le service du nouveau corps comprit trois branches principales :

Le service des états-majors divisionnaires ;

Le service des aides de camp ,

Et les opérations du dépôt de la guerre.

Un certain nombre des officiers du corps fut employé à chacun de ces services.

Ceux qui furent attachés au Dépôt de la guerre partagèrent les travaux des ingénieurs-géographes, qui furent maintenus dans la nouvelle organisation, quoique leur nombre fût un peu diminué. Ils continuèrent à se recruter à l'École polytechnique.

L'état-major se recrute de la manière suivante :

L'ordonnance du 6 mai 1818, constitutive du corps d'état-major, crée en même temps une École d'application.

Cette École est alimentée par l'École militaire de Saint-Cyr. Les sous-lieutenants sortant de Saint-Cyr peuvent se présenter sans conditions de numéros aux examens de l'École d'état-major.

Le nombre des admissions est déterminé suivant les besoins du service.

Les cours de l'École sont à peu près les mêmes qu'aujourd'hui.

A leur sortie de l'École après deux ans d'étude, les sous-lieutenants élèves deviennent aides-majors. Ils vont deux ans dans la cavalerie, puis deux ans dans l'infanterie. Au bout de ces quatre ans, ils deviennent lieutenants titulaires du corps, si toutefois il y a des vacances. — Sinon ils restent aides-majors et vont attendre leur épaulette de lieutenant dans les régiments d'artillerie ou du génie, quelquefois dans les établissements de ces deux armes.

2.

L'ordonnance du 6 mai 1818 règle les fonctions des aides-majors dans les régiments. Ces officiers font pendant six mois le service d'officiers de peloton, et ils concourent ensuite pour le service avec les adjudants-majors. Dans la cavalerie, ils ne restent que trois mois officiers de peloton. Ils sont, de plus, chargés de rédiger l'historique du régiment sous la direction du colonel. Ils dressent le plan des camps ou cantonnements que le corps peut occuper. Ils assistent à une distribution par quinzaine. Ils sont exercés au commandement d'un bataillon ou d'un escadron dans les manœuvres. Enfin ils fournissent chaque année un travail topographique avec un mémoire à l'appui.

L'uniforme des officiers d'état-major comportait alors trois tenues :

1° La grande tenue avec l'habit, le gilet blanc, le pantalon bleu, le chapeau et l'épée;

2° La tenue de cheval, qui ressemblait à celle des officiers de cavalerie légère et qui se composait de l'habit court, du schako, du sabre, de la giberne, du pantalon bleu demi-large et des bottes dites de cavalerie légère;

3° La petite tenue, qui comportait un habit sans broderies, et, pour le matin, une capote semblable à celle des officiers d'infanterie.

Le harnachement des chevaux des officiers d'état-major était celui des chevaux des officiers de cavalerie légère.

Les marques distinctives étaient, comme aujourd'hui, les épaulettes, les aiguillettes et les broderies.

Le bracelet ou brassard, en soie blanche, frangé d'or ou d'argent, était la marque distinctive de service des aides de camp.

Voilà les détails de l'organisation de 1818.

En 1826, M. de Clermont-Tonnerre, ministre de la guerre, change l'organisation du corps d'état-major.

Le cadre ne comporte plus d'officiers généraux. Il comprend :

30 colonels ;
30 lieutenants-colonels ;
100 chefs de bataillon ;
290 capitaines.

Les aides-majors et les lieutenants d'état-major sont conservés, mais ils ne font plus partie du cadre constitutif.

L'École d'état-major subsiste dans les mêmes conditions que précédemment.

Les aides-majors dans les régiments ne font presque plus de service actif. Ils s'occupent surtout d'administration et de comptabilité. Devenus lieutenants d'état-major, ils font encore un stage dans l'artillerie et le génie. Enfin ils deviennent capitaines ; s'il y a des emplois vacants dans le corps d'état-major, on les leur donne ; s'il n'y en a pas, ils sont placés dans des régiments d'infanterie ou de cavalerie ; ils en portent l'uniforme ; ils y font le service ; ils n'ont plus d'officiers d'état-major que le titre.

On est surpris, dit le général Pelet, de voir dans cette organisation, qu'après tant d'années d'étude pour acquérir une instruction spéciale, l'ordonnance fasse rentrer ensuite les jeunes officiers d'état-major dans les régiments où ils peuvent rester longtemps et oublier une grande partie de ce qu'ils auront appris. Le général pensait qu'il aurait mieux valu les attacher au Dépôt de la guerre, où ils auraient été employés suivant leur spécialité.

Quoi qu'il en soit, l'organisation de 1826 comportait deux espèces d'officiers d'état-major :

1° Les officiers titulaires du corps ;

2° Les officiers détachés dans les régiments.

Ces derniers étaient pourvus d'emplois d'état-major d'après un concours et d'après le classement de leurs travaux spéciaux.

Ils avaient deux modes d'avancement. Ils étaient portés à la fois dans leurs régiments et dans le corps d'état-major. Quand ils avaient de l'avancement par suite de la proposition du régiment, ils quittaient définitivement l'état-major.

La même ordonnance de 1826 crée un comité consultatif placé auprès du ministre, pour donner son avis sur les questions qui intéressent le corps.

Le service de l'état-major comprend toujours :

Celui des divisions ;

Celui des aides de camp,

Et celui du Dépôt de la guerre.

L'uniforme ne comporte plus que deux tenues. La tenue de cheval est supprimée. On adopte à cette époque les plumets, dont les couleurs diffèrent suivant les positions des officiers.

En 1830, après la révolution de juillet, l'effectif du corps est diminué, sans que pour cela on touche à sa constitution.

En 1832, le corps des ingénieurs-géographes est réuni au corps d'état-major.

En 1833, le maréchal Soult, ministre de la guerre, s'occupe de la réorganisation de l'armée, que les événements politiques avaient un peu ébranlée ; il porte ses soins sur l'état-major et revient à peu près au système du maréchal Gouvion–Saint-Cyr.

D'après l'ordonnance du 23 février 1833, le cadre est fixé de la manière suivante :

    30 colonels ;
    30 lieutenants-colonels ;
    100 chefs d'escadrons ;
    300 capitaines ;
    100 lieutenants.

L'École d'état-major continue de fournir au recrutement du corps. Elle comprend cinquante sous-lieutenants élèves, vingt-cinq par promotion. Chaque promotion se compose :

1° De sous-lieutenants de toutes armes en activité dans les corps, ne dépassant pas 25 ans d'âge et ayant au moins un an de grade ;

2° De sous-lieutenants sortant de l'École militaire de Saint-Cyr et pris parmi les trente premiers ;

3° De sous-lieutenants sortant de l'École polytechnique au nombre de trois.

Les officiers des deux premières catégories subissaient des examens et devaient obtenir des numéros favorables. Ces conditions d'examen ont été modifiées par plusieurs ordonnances successives qui ont tour à tour supprimé et rétabli les examens.

Dans l'organisation dont nous nous occupons, les sous-lieutenants élèves en quittant l'École sont nommés lieutenants d'état-major. Ils vont faire un stage de deux ans dans l'infanterie et un autre de même durée dans la cavalerie. Quelques-uns vont dans l'artillerie, mais exceptionnellement.

Le service de l'état-major, comme dans les organisations précédentes, comprend trois branches principales :

Le service dans les divisions ;
Les fonctions d'aide de camp,
Et les travaux du Dépôt de la guerre.

Les officiers non employés jusqu'au grade de chef d'escadron inclus peuvent servir à la suite dans l'infanterie ou dans la cavalerie.

Les autres peuvent être mis en disponibilité : la disponibilité n'étant applicable qu'aux officiers valides qui peuvent se mettre en route au premier ordre.

De plus, les capitaines d'état-major peuvent permuter dans de certaines conditions pour rentrer dans l'infanterie ou dans la cavalerie. Ils peuvent aussi y être placés au tour de la non-activité.

Le ministre institue en 1833 une commission destinée à l'examen des sous-lieutenants élèves, ainsi qu'à l'appréciation des travaux faits par les officiers d'état-major, soit dans les corps, soit dans les divisions. Ces travaux sont principalement des reconnaissances ou des rapports statistiques sur les frontières et sur les principaux points militaires du territoire. Ils sont pris en considération pour l'établissement du tableau d'avancement. La commission d'examen remplace le comité consultatif, qui est supprimé dans l'organisation de 1833. L'ordonnance du 18 juin 1841 rétablit le comité et en fixe la composition de la manière suivante :

3 généraux de division ;
1 général de brigade ;
Le général commandant l'École d'état-major ;
Le général commandant l'École de Saint-Cyr ;
Le directeur du Dépôt de la guerre.

Le comité examine et discute toutes les questions relatives à la constitution, à l'organisation, au service, à la discipline, à l'instruction, à l'uniforme, etc., du corps d'état-major et de l'état-major des places.

Le corps d'état-major est encore aujourd'hui sous le régime de l'organisation de 1833 ; il y a eu seulement quelques modifications. Je vais signaler les principales.

Le 3 mai 1848, à la suite de la révolution de février, le corps subit une réduction d'effectif.

Mais le 20 décembre 1851, le président de la république le rétablit sur ses anciennes bases. Pour la guerre d'Orient, le 7 mars 1855, le cadre est augmenté et porté à :

    35 colonels ;
    35 lieutenants-colonels ;
    110 chefs d'escadrons.

Pour les autres grades, les chiffres restent les mêmes. Le 17 avril 1856, on revient à l'ancien effectif. En 1859, la guerre d'Italie ramène l'augmentation, et l'ordonnance du 28 juin 1860 la consacre.

Le comité consultatif est réorganisé par un décret de 1852.

L'uniforme des officiers du corps d'état-major est réglé par l'ordonnance du 8 octobre 1845 et par celle du 29 novembre 1851. Ces deux ordonnances sont également relatives au harnachement.

L'armement est déterminé par l'ordonnance du 18 janvier 1856 ; enfin la remonte des officiers du corps est réglée par les ordonnances du 3 juillet 1855 et du 23 octobre 1856.

Nous connaissons maintenant tout ce qui a rapport

à l'objet du corps d'état-major, à son historique, enfin à son recrutement et à la manière employée pour former des lieutenants d'état-major.

Ceux-ci, à leur sortie de l'École, vont faire un stage de deux ans dans l'infanterie, et un autre de même durée dans la cavalerie. Ils complètent ainsi leur instruction militaire.

Donnons quelques détails sur le service qu'ils doivent faire alors dans leurs régiments.

III.

La première des deux années du stage régimentaire est consacrée au service de compagnie ou d'escadron. Les lieutenants d'état-major dans les régiments commandent une section ou un peloton, et ils concourent avec les lieutenants et sous-lieutenants du corps pour le service de semaine. Dans leur service de compagnie ou d'escadron, ils tiennent des livrets conformes au modèle indiqué dans le service intérieur; ils surveillent tous les détails de service, de police et d'administration de la fraction qu'ils commandent. Dans leur service de semaine, ils se conforment aux règles prescrites par le service intérieur. Ils font le service de place, concurremment avec les autres officiers de la garnison.

A la fin de la première année de leur stage, les lieutenants d'état-major sont examinés par l'inspecteur général, qui fait sur eux un rapport particulier. Quand ils sont reconnus avoir rempli convenablement les fonctions de leur grade, ils sont désignés pour remplir les fonctions d'adjudant-major.

Ils apprennent alors à connaitre les détails de la

police générale et du service intérieur de tout le régiment ; ils se conforment toujours aux prescriptions de l'ordonnance du 2 novembre 1833.

Dans les manœuvres, ils remplissent également les fonctions d'adjudant-major.

Le but du stage régimentaire pour les officiers d'état-major est de compléter leur instruction, de leur donner l'habitude des troupes et en même temps la connaissance des détails du métier.

On en apprécie l'utilité dans le service des divisions, dans les revues trimestrielles, dans les inspections générales.

Pendant la durée de ce stage, pour ne pas perdre de vue les études de l'École d'application et les travaux spéciaux d'état-major, les officiers détachés dans les régiments doivent faire des levés topographiques avec mémoires à l'appui, d'après les sujets qui leur sont donnés.

Nous savons maintenant comment les officiers d'état-major sont préparés aux divers services qu'ils doivent faire, aux diverses positions qu'ils doivent occuper.

Nous allons dans la leçon suivante étudier leur rôle dans ces positions ou dans ces emplois.

DEUXIÈME LEÇON.

I.

Nous distinguerons deux espèces de positions pour les officiers d'état-major :

Les positions générales, qui en occupent chacune un grand nombre, cinquante ou soixante, par exemple ;

Et les positions particulières, qui n'occupent qu'un nombre très-limité de ces officiers.

Nous nous étendrons surtout sur les premières ; nous nous contenterons de dire quelques mots sur les autres.

Les positions générales sont les suivantes :

1° La position ou l'emploi de l'officier attaché à l'état-major d'une division territoriale ;

2° La position d'attaché à l'état-major d'une division active ;

3° La position d'aide de camp d'un général de brigade ;

4° Celle d'aide de camp d'un général de division ou d'un maréchal ;

5° Enfin la position d'attaché au Dépôt de la guerre.

Les positions particulières sont celles qu'offrent :

La maison de l'Empereur ;
Le ministère de la guerre ;
L'École d'état-major ;
La place de Paris ;
Les ambassades, etc.

Nous allons étudier successivement ces différentes positions et indiquer les principes généraux du service que l'on doit faire dans chacune d'elles.

Avant de commencer ce travail, nous rappellerons ce que nous avons déjà dit, que le service d'état-major ne comporte pas de règles absolues comme le service des autres armes.

Les états-majors ayant été créés pour aider le commandement, les généraux qui l'exercent sont libres d'organiser le service de leurs états-majors comme ils l'entendent.

On ne peut donc que présenter sur ce sujet des idées générales, indiquer l'objet de chaque genre de service, et enfin dire comment les choses se passent le plus ordinairement.

II.

Le premier service d'état-major dont nous nous occuperons est celui des états-majors du commandement territorial.

Le commandement territorial a *été* organisé de la manière suivante :

On a partagé la France en six grands *commandements*, correspondant aux différents théâtres d'opérations que présente le pays. Ces commandements s'appellent encore *arrondissements* ou *corps d'armée*. Le premier a son quartier général ou son centre à Paris ; le deuxième à Lille ; le troisième à Nancy ; le quatrième à Lyon ; le cinquième à Toulouse ; et le sixième à Tours. L'Algérie forme un septième commandement.

Chacun de ces grands commandements comprend un certain nombre de divisions militaires.

Chaque division est partagée en plusieurs subdivisions.

Enfin chaque subdivision est formée d'un ou de plusieurs départements.

C'est là l'organisation territoriale de la France au point de vue militaire.

Cette organisation a pour but de régler les rapports de l'armée avec la population, d'assurer les opérations du recrutement, et surtout de constituer le commandement des troupes et celui des établissements sur toute l'étendue du territoire.

A cet effet, on a placé des officiers généraux à la tête des diverses unités territoriales que nous venons d'indiquer.

A la tête de chaque arrondissement ou corps d'armée, on a placé un maréchal.

A la tête de chaque division, on a placé un général de division.

Et à la tête de chaque subdivision, un général de brigade.

Les états-majors ont été organisés en conséquence.

Auprès de chaque maréchal il y a un état-major général.

Auprès de chaque général de division il y a un état-major divisionnaire.

Et, enfin, auprès de chaque général de brigade, un

aide de camp et des secrétaires qui forment une sorte d'état-major sur une petite échelle.

Comme nous l'avons vu précédemment, ces divers états-majors ont pour objet de seconder le commandement dans tous les détails du service, dans la surveillance que demandent les troupes et les établissements, enfin dans le travail de bureau qu'exige une correspondance considérable et variée.

Les états-majors divisionnaires sont chargés plus particulièrement du commandement territorial. Les états-majors d'arrondissement sont chargés plus spécialement du commandement des troupes. C'est pourquoi nous nous occuperons du service des officiers d'état-major employés dans les premiers. — Les détails que nous donnerons sur ce service s'appliqueront également à celui des officiers employés dans les états-majors généraux. — Car, quelle que soit l'importance d'un commandement, quel que soit le nombre des officiers employés à l'état-major, la nature des affaires est à peu près la même, leur nombre seul varie.

Les états-majors d'arrondissement ou de division ont des effectifs plus ou moins nombreux, suivant l'importance de leur service.

Un état-major d'arrondissement comprend ordinairement :

Un général de brigade, chef d'état-major ;

Un colonel ou lieutenant-colonel, sous-chef ;

Un chef d'escadron,

Et trois ou quatre capitaines.

Un état-major divisionnaire, dans des conditions moyennes, comprend :

Un colonel ou lieutenant-colonel, chef d'état-major ;

Un chef d'escadron,

Et deux ou trois capitaines.

Chaque état-major comprend ensuite un *archiviste*, capitaine ou lieutenant de l'état-major des places, chargé de la conservation des archives et employé, de plus, par le chef d'état-major à certaines parties du service. Il comprend aussi des secrétaires civils ou militaires. Les derniers sont pris dans les régiments de la garnison, parmi les sous-officiers, les caporaux et les soldats. Les secrétaires sont particulièrement chargés des copies, des transcriptions, de l'établissement des états, etc.

Transportons-nous maintenant au milieu d'un état-major divisionnaire et examinons la manière dont il fonctionne.

L'officier dont le rôle est le plus important est évidemment le chef d'état-major.

Tout passe par ses mains, et rien ne se fait dans l'étendue du commandement sans son attache.

Il reçoit directement les ordres du général.

Il les transmet et en assure l'exécution, en entrant dans les divers détails que celle-ci comporte et en veillant à l'application des règlements.

Il se tient exactement informé de la situation des corps de troupe, de l'état des établissements militaires, de tous les événements importants qui se passent dans la division.

Il fait établir les états, situations et rapports prescrits par les règlements. Il en signe quelques-uns.

Il assure l'exécution de tous les services et particulièrement celui de la correspondance.

Il emploie à ces divers objets les officiers adjoints placés sous ses ordres.

Tous les jours, le chef d'état-major va au rapport chez le général, ordinairement après l'arrivée du courrier. C'est là qu'il prend ses ordres relativement au commandement de la division et, en même temps, ses décisions relativement à la correspondance.

Il règle en conséquence le service de ses officiers.

Le service de ceux-ci peut se diviser en deux parties :

Service actif,
Et service de bureau.

Le service actif n'a rien de régulier ; cependant un officier d'état-major attaché à une division territoriale peut être employé activement de la manière suivante :

1° Il peut être envoyé dans un hôpital pour en examiner la situation générale ou pour vérifier quelque réclamation. Dans le premier cas, il doit voir le registre des officiers de visite, prendre note des observations qui s'y trouvent, s'assurer que les aliments sont de bonne qualité, que les salles sont proprement tenues, enfin que toutes les prescriptions réglementaires sont observées.

2° Il peut avoir à faire une visite de prison.—Il examinera alors, comme précédemment, les registres, la nature et la quantité des prestations, enfin la propreté de l'établissement et des détenus.

3° Il peut être envoyé dans un magasin. Il examinera la manière dont il est tenu, les quantités d'effets ou de denrées qui s'y trouvent, enfin le registre des distributions.

4° Il peut avoir à reconnaître une caserne. Il devra examiner sa contenance, l'état des lieux, la qualité des eaux ; il devra faire le cubage des chambres, afin de

s'assurer que chaque homme a une quantité d'air suf-
fisante, etc., etc.

5° Il peut assister à une distribution, afin d'en vérifier la nature et de rendre compte des conditions dans
lesquelles elle se fait.

6° Il peut être envoyé au-devant d'une troupe en
marche, pour la guider ou pour voir si elle est en
ordre.

7° Quand il meurt, dans la localité ou aux environs,
un ancien militaire, et que, parmi ses papiers, il en est
quelques-uns qui peuvent intéresser l'État, le général
de division désigne un officier de son état-major pour
en faire la recherche et pour assister à la levée des
scellés.

8° Dans les manœuvres et dans les revues, les officiers d'état-major accompagnent leur chef d'état-major et sont employés par lui à tracer des lignes, à
guider des colonnes et à transmettre des ordres.
Quelquefois on leur fait commander des bataillons ou
des escadrons, pour les habituer au maniement des
troupes.

9° Dans les cérémonies publiques, les officiers d'é-
tat-major peuvent être employés, concurremment avec
les officiers de l'état-major des places, à régler les honneurs militaires et à placer les différents corps.

10° Enfin, le maréchal commandant supérieur ou le
général commandant la division peut employer les
officiers de son état-major à toute espèce de mission
militaire dans l'étendue de son commandement.

Ce sont là les principales circonstances de leur service actif.

Quant à leur service de bureau, nous allons en examiner maintenant la forme extérieure. Nous en étu-
dierons les détails dans la prochaine leçon.

Le chef d'état-major, avons-nous dit, va tous les jours au rapport chez le général. Il y prend ses ordres et, de plus, toute la correspondance du jour avec l'indication sommaire de la manière dont les affaires les plus importantes doivent être traitées.

Le chef d'état-major, rentré dans son cabinet, classe toutes les lettres qu'il a reçues. Pour y donner suite, il met évidemment ensemble celles de même nature, celles qui ont trait aux affaires de même espèce. Ces réunions de lettres, ces dossiers, ces groupes, ces catégories, formés par le chef d'état-major, correspondent à l'organisation qu'il a donnée à ses bureaux.

L'organisation des bureaux d'état-major n'est pas la même dans toute la France. Il n'y a pas d'uniformité sous ce rapport, et chaque chef d'état-major organise ses bureaux suivant les circonstances, suivant les besoins du service, suivant sa manière de travailler.

Cependant on adopte généralement une organisation qui correspond à celle des bureaux du ministère de la guerre, et l'on répartit alors toutes les affaires d'une division en neuf groupes ou neuf bureaux, savoir :

1° Le bureau de la correspondance générale, des opérations, mouvements, etc. ;

2° Le bureau de la justice militaire ;

3° Le bureau du recrutement ;

4° Le bureau de l'infanterie ;

5° Le bureau de la cavalerie et des remontes ;

6° Le bureau de l'artillerie ;

7° Le bureau du génie ;

8° Le bureau de la gendarmerie ;

9° Le bureau de l'administration.

Ces neuf bureaux sont groupés par deux ou par trois,

suivant leur importance et suivant le nombre des officiers qui forment l'état-major divisionnaire.

Le service de chaque officier se compose alors d'un groupe de deux ou de trois bureaux.

Par exemple, dans une division de force moyenne, comme la cinquième, le chef d'état-major se réserve le premier bureau, celui de la correspondance générale, qui est le plus important.

Le chef d'escadrons est chargé des 2ᵉ et 8ᵉ bureaux : — Justice militaire et gendarmerie.

L'un des capitaines a le bureau de l'infanterie.

Le second a la cavalerie, les remontes et l'artillerie.

Le troisième a le recrutement, le génie et l'administration.

Dans tous les cas, les bureaux doivent être organisés de telle manière que le travail soit réparti convenablement et que les tâches soient à peu près égales.

Le chef d'état-major distribue donc les lettres qui lui ont été remises entre les différents bureaux. Il remet le travail aux officiers eux-mêmes, ou il le dépose dans leurs cartons. Ceux-ci le trouvent en arrivant.

Le chef d'état-major fixe l'heure de l'arrivée au bureau. C'est ordinairement vers 11 heures.

Il prescrit également la tenue de ses officiers. Tenue du jour, petite tenue, ou tenue bourgeoise.

Chaque officier fait le travail qui lui est indiqué, travail dont nous reparlerons plus tard.

Il le remet au chef d'état-major, qui l'examine et qui ensuite, à une certaine heure, généralement vers 3 ou 4 heures, se rend chez le général, pour la signature.

Le général voit et signe les lettres importantes.

Le chef d'état-major signe, *pour le général et par son*

ordre, les lettres qui n'ont qu'une importance secondaire.

Le chef d'état-major signe encore, *pour copie conforme* ou *par ampliation*, toutes les expéditions d'une même lettre ou d'un même ordre.

Enfin il signe une partie des situations.

Après la signature, l'ensemble des lettres, constituant ce que l'on appelle le courrier, est remis aux secrétaires pour l'enregistrement. Ceux-ci copient les lettres sur les registres de correspondance et donnent à chacune d'elles un numéro d'ordre.

On conserve ainsi la trace de toutes les affaires traitées dans les bureaux de l'état-major.

Chaque lettre est mise ensuite sous enveloppe ou sous bandes, en se conformant au tableau des franchises. On y met les adresses et enfin on y appose le timbre de la division et le contre-seing du général.

C'est ordinairement un officier de service qui reste seul au bureau après la signature, qui surveille les détails indiqués précédemment et qui est chargé de l'expédition du courrier.

Voilà l'ensemble et la forme du service de bureau des officiers d'état-major attachés aux états-majors du commandement territorial.

Dans la leçon suivante, nous verrons les détails des principales affaires qu'ils sont appelés à traiter.

Il nous reste, pour terminer celle-ci, à indiquer les autorités avec qui correspondent les bureaux des états-majors et sous quelle forme a lieu cette correspondance.

III.

Les bureaux des états-majors du commandement territorial correspondent journellement avec les autorités suivantes :

1° Avec le ministre de la guerre pour tout le service en général ;

2° Avec le maréchal commandant supérieur, quand il s'agit d'une division territoriale ;

3° Avec les généraux de brigade commandant les subdivisions de la division ;

4° Avec l'intendant de la division pour tout ce qui a rapport aux services administratifs ;

5° Avec les généraux commandant les Écoles d'artillerie de la division, pour la police et la discipline des troupes sous leurs ordres ;

6° Avec les directeurs du génie de la division, pour les travaux des places, pour le casernement, pour les réparations des bâtiments, etc. ;

7° Avec les colonels de gendarmerie de la division, pour la police et la justice militaires ;

8° Avec les présidents des conseils de guerre de la division et avec ceux des conseils de révision, quand il y en a dans l'étendue du commandement, pour la réunion de ces conseils et pour toutes les affaires de la justice militaire.

Indépendamment de ces autorités principales avec lesquelles la division correspond d'une manière à peu près régulière, elle correspond encore accidentellement avec les autorités suivantes :

1° Les ministres des départements autres que celui de la guerre, pour provoquer la marche ou la décision d'une affaire particulière, ou pour répondre à des renseignements demandés ;

2° Les généraux commandant d'autres divisions militaires, pour leur donner avis des mouvements de troupe ou pour des affaires relatives à des militaires sous leurs ordres ;

3° Les inspecteurs généraux, pour leur fournir les renseignements qui leur sont nécessaires et pour le service pendant leurs inspections ;

4° Les préfets, pour les affaires de sûreté générale et pour le recrutement ;

5° Les procureurs impériaux, pour les affaires militaires concernant la justice civile ;

6° Les archevêques, évêques et autorités religieuses, pour les cérémonies publiques, les *Te Deum*, etc.;

7° Enfin les militaires de tous grades non employés, pour demandes et affaires personnelles.

Telles sont les principales autorités avec lesquelles correspondent les bureaux d'un état-major divisionnaire. Je dis les principales, parce qu'évidemment il peut y en avoir d'autres suivant les circonstances.

Examinons maintenant la forme sous laquelle on leur écrit.

On emploie ordinairement du papier format tellière, qui porte dans l'angle à gauche et en haut :

Telle division militaire,
État-major de la division.

Au-dessous, l'indication du bureau auquel appartient l'affaire traitée.

Puis au-dessous encore, le numéro d'ordre de la lettre.

La première indication est mise par l'officier ; la

seconde par le secrétaire, qui copie la lettre sur le registre de correspondance.

A hauteur de la première ligne et en marge, on met une analyse succincte de l'affaire traitée.

En haut et à droite de la lettre, se trouve l'indication du lieu d'où l'on écrit, avec la date.

En bas de la lettre, on met la suscription, c'est-à-dire l'indication de la personne à laquelle la lettre est adressée.

Ce sont là les accessoires d'une lettre émanant d'un état-major de division territoriale.

Il y a ensuite des formules pour le commencement et la fin de ces lettres.

L'ensemble de ces formules s'appelle un protocole ou un formulaire. Le ministère de la guerre en a un très-complet.

Chaque division a ordinairement le sien.

Examinons les formules principales.

Pour commencer les lettres, on met l'indication de la personne en vedette ou sur la première ligne. La première manière est la plus respectueuse.

Quand on écrit au ministre, on met en vedette : *Monsieur le Ministre*, et dans le corps de la lettre, si on lui parle à la troisième personne, on dit : *Votre Excellence*.

Il en est de même pour un maréchal.

Pour les dignitaires ecclésiastiques, évêques ou archevêques, on met : *Monseigneur*, et dans le corps de la lettre : *Votre Éminence*.

Aux généraux de division : *Monsieur le Général de division* ou *Mon cher Général*.

Aux généraux de brigade : *Mon cher Général* ou *Général*.

Aux membres de l'intendance : *Monsieur l'Intendant* ou *Monsieur le Sous-intendant*.

De même aux autorités civiles, préfets, procureurs généraux, etc.

Telles sont les formules employées pour le commencement des lettres.

Pour la fin, il y a trois salutations principales :

1° Pour les supérieurs, on emploie une formule respectueuse :

Je suis avec respect,

Monsieur le Ministre,

De Votre Excellence,

le très-humble et très-obéissant serviteur,

ou bien :

Je vous prie d'agréer,

Monsieur le Maréchal,

l'expression de mon respect.

2° Pour les autorités d'un rang égal, par exemple un général de division écrivant à un général de division :

Agréez, Monsieur le Général de division,

l'assurance de ma haute considération,

ou bien :

Agréez, mon cher Général,

l'assurance de mon affectueuse considération.

3° Enfin, pour les autorités d'un rang inférieur, comme un général de division écrivant à un général de brigade :

Recevez, mon cher Général, l'assurance

de ma considération très-distinguée

ou la plus distinguée.

Pour les ordres, leur forme extérieure est analogue à celle des lettres.

On met en tête et en vedette : Ordre de la division.

On met au bas : Au quartier général à

Le général commandant la division militaire.

Connaissant maintenant tout ce qui est relatif à la forme de la correspondance militaire, nous pouvons examiner les qualités principales du style que l'on doit y employer.

Le style militaire doit avoir trois qualités principales : la clarté, la précision et la correction.

La clarté est évidemment la première de toutes les conditions à remplir. Pour l'obtenir, il faut bien étudier d'avance l'affaire que l'on doit traiter ; il faut comparer les différents faits qu'elle présente aux prescriptions des lois, ordonnances ou décisions qui régissent la matière : on déduit de cette comparaison, comme conséquences, les réponses que l'on doit faire ; on se fixe sur les idées que l'on veut exprimer et en même temps sur l'ordre dans lequel on veut les présenter. C'est de ce travail préliminaire que dépend surtout la clarté, car l'art de bien écrire n'est autre chose que celui de bien penser. Bien concevoir une chose est la meilleure manière de l'énoncer clairement.

La deuxième qualité du style militaire est la précision. Celle-ci consiste à ne rien dire d'inutile et à exprimer beaucoup de choses en peu de mots. Pour l'obtenir, on cherchera les expressions les plus simples, les constructions de phrases les plus naturelles. On évitera les phrases incidentes et les périodes longues, diffuses ou traînantes. On séparera bien les idées au moyen de phrases courtes et d'alinéa multipliés. Le style militaire est volontiers un peu haché, et la précision, le laconisme de l'expression, lui donnent à la fois de la fermeté et de l'énergie, quand toutefois ils ne sont pas exagérés et ne nuisent pas à la clarté.

Enfin, comme troisième condition, le style militaire doit avoir la correction, c'est-à-dire qu'il doit être conforme aux règles grammaticales. Écrire simplement, naturellement, ainsi que nous le disions tout à l'heure, est la meilleure manière d'arriver à la correction.

La clarté, la précision et la correction sont donc trois qualités indispensables au style militaire. Elles n'excluent pas évidemment les autres qualités indiquées dans les ouvrages spéciaux, telles que la noblesse, l'élégance, l'harmonie, etc.

Mais les premières de ces qualités sont essentielles. Les autres ne sont qu'accessoires.

Nous terminerons ici l'étude de la forme extérieure de la correspondance militaire.

Dans la leçon suivante, nous allons examiner les détails qui en forment le fond.

TROISIÈME LEÇON.

Détails des affaires traitées dans les différents bureaux d'un état-major
divisionnaire.
Principaux états à établir. — Situations et rapports.
Registres à tenir dans une division territoriale.

———

I.

Nous avons vu que toutes les affaires d'une division
militaire étaient réparties entre les différents bureaux
de son état-major. Chaque bureau comprend toutes
les affaires de même nature, toutes celles que l'on peut
ranger dans une même catégorie, toutes celles qui
dépendent d'une même branche de service.

Par suite, le travail de chaque bureau est basé sur
l'étude, sur la connaissance d'un certain nombre de
lois, ordonnances, instructions ministérielles, décisions ou règlements qui régissent la matière.

Ces lois, ordonnances et instructions se trouvent
dans le *Journal militaire* et dans les archives de la
division.

L'officier chargé d'un bureau doit commencer par
les étudier avec soin; et comme elles sont en grand
nombre, comme il est souvent obligé d'y avoir recours,
comme sa mémoire serait insuffisante à les retenir, il
doit, s'il veut remplir convenablement les obligations
de sa position, se former ce qu'on appelle un *Répertoire*,

c'est-à-dire une sorte de table alphabétique, présentant la date et le résumé de toutes les décisions relatives aux affaires de son bureau.

Examinons les principales affaires de chaque bureau.

Le premier bureau est celui de la *correspondance générale*; il comprend ordinairement :

1° Les affaires politiques , celles qui ont rapport à l'ordre public, à la police des garnisons, etc.; elles sont presque toujours confidentielles.

2° Les cérémonies publiques , dont on prescrit les dispositions et pour lesquelles on prévient les autorités civiles.

3° Les inspections générales. Les inspecteurs généraux donnent avis de leur arrivée; il faut prévenir les subdivisions ; il faut de plus prescrire les mouvements de troupes qui peuvent être demandés et organiser le service pendant les inspections, de manière que chaque corps inspecté soit complétement libre.

4° La levée des scellés. Conformément au décret du 13 nivôse an x, le chef d'état-major désigne, comme nous l'avons vu précédemment, un officier qui doit assister à la levée des scellés, lorsqu'il s'agit d'un officier général ou supérieur décédé dans la localité et dont les papiers peuvent intéresser l'État. L'officier désigné dresse alors un procès-verbal, que l'on transmet ensuite au ministre avec le dossier des pièces trouvées.

5° Les mouvements de troupes. Ils ne peuvent être ordonnés directement par le général que dans le cas d'urgence et en en rendant compte immédiatement. En temps ordinaire, c'est le ministre qui envoie les itinéraires ; le premier bureau les transmet aux corps par les subdivisions, et prévient en même temps l'intendant, les préfets, les divisions intéressées, etc.

6° Les dépêches télégraphiques et tout ce qui est relatif à leur arrivée, à leur accusé de réception, à leur rédaction, à leur envoi, etc.

7° Les officiers en non-activité. Un officier en non-activité, qui vient résider dans une division, doit, à son arrivée, se présenter au chef d'état-major. Celui-ci tient un registre de ces officiers, avec l'indication de leur résidence. On leur écrit pour la police, pour les inspections. On transmet au ministre leurs demandes de changement de résidence, et, s'il y a lieu, leurs demandes pour aller à Paris.

8° Le personnel des états-majors. Le premier bureau comprend tout ce qui est relatif aux nominations, mutations et travaux des officiers du corps d'état-major et de l'état-major des places.

9° Les ordres du jour, qui forment une des parties les plus importantes du service. Il y a des ordres généraux et des ordres particuliers. Les premiers sont les ordres de l'armée, du corps d'armée ou de la division ; les autres sont des ordres qui s'adressent à des individus.

10° Enfin le premier bureau comprend toutes les affaires qui ne rentrent pas dans les spécialités des autres bureaux, comme la discussion des titres de préséance de deux autorités rivales, et l'interprétation du décret du 24 messidor an XII ; ou bien encore la prescription de mesures sanitaires, relatives à l'invasion d'une maladie épidémique, comme le choléra, etc.

Le deuxième bureau est celui de la *justice militaire*.

Son répertoire est basé sur la loi du 15 mai 1857, relative au nouveau Code de justice militaire.

Les affaires qui en dépendent peuvent se classer de la manière suivante :

1° La formation des conseils de guerre et les mutations dans leur personnel.

Chaque corps, en arrivant dans une division, fournit pour la formation des conseils de guerre une liste des officiers remplissant les conditions voulues, liste renouvelée tous les mois. D'après cette liste, le deuxième bureau change tous les six mois le président et les six juges qui composent chaque conseil. Il envoie, à cet effet, des lettres de nomination et des lettres de cessation de fonctions.

Quant aux commissaires impériaux qui font les fonctions de ministère public, et aux rapporteurs qui font les fonctions de juges d'instruction, ils sont nommés par le ministre ; ce sont ordinairement des officiers en retraite. Quand ce sont des officiers en activité, ils sont choisis sur une liste présentée par le général de division.

Lorsqu'il y a dans la division un conseil de révision, le deuxième bureau s'occupe de même de la formation de son personnel et des mutations qu'il comporte.

2° Après la formation des conseils, vient la procédure devant les tribunaux militaires, qui comprend pour le bureau de la justice militaire :

La réception des plaintes et la suite à leur donner.

Lorsqu'une plainte arrive à la division, il y a lieu de l'examiner pour la forme et pour le fond. On s'assure que tout est conforme aux règlements ; et, s'il en est ainsi, on accuse réception.

Puis on donne *l'ordre d'informer* au commissaire impérial, qui le transmet au rapporteur. Le général de division est maître de refuser l'information s'il le juge convenable.

Quand l'affaire est instruite, le deuxième bureau envoie l'ordre de mise en jugement et en même temps l'ordre de convocation pour le conseil de guerre,

Le conseil a lieu, le jugement est prononcé et le président du conseil renvoie le dossier à la division.

Le deuxième bureau assure alors l'exécution du jugement. Il donne des ordres à cet effet; il indique la direction que doit recevoir le condamné; il prévient le corps; il rend compte au ministre. Enfin il envoie les pièces prescrites par le règlement à l'établissement sur lequel on dirige le condamné. Ces pièces sont ordinairement au nombre de trois :

Un état signalétique,

Un folio de punitions,

Et un état de masse.

Dans le cas où il n'y aurait pas lieu de donner suite à une plainte en conseil de guerre, le deuxième bureau envoie une déclaration qu'il n'y a pas lieu d'informer, ou bien une ordonnance de non-lieu, s'il y a déjà eu information.

3° Après les conseils de guerre, viennent les conseils d'enquête pour les officiers.

Ces conseils sont régis par la loi du 19 mai 1834, par l'ordonnance du 21 mai 1836, et par les instructions ministérielles du 8 novembre 1836, du 27 avril 1837, et plusieurs autres de la même année.

Les conseils d'enquête donnent leur avis sur la mise en réforme des officiers pour inconduite, indignité, fautes contre l'honneur ou la discipline, enfin prolongation de la non-activité au delà de trois ans.

Il y a trois sortes de conseils d'enquête :

Les conseils de régiment pour les officiers subalternes, dont les membres sont pris dans le corps à tour de rôle et par ancienneté;

Les conseils de division pour les officiers supérieurs, officiers d'état-major et officiers sans troupe, dont les membres sont pris dans toute la division ;

Enfin les conseils d'enquête spéciaux pour les officiers généraux, dont les membres sont nommés par le ministre.

Pour les conseils d'enquête, il y a un rapport spécial qu'il faut examiner.

Puis on en accuse réception et l'on s'occupe de la formation du conseil.

On transmet le dossier au président, qui le donne au rapporteur.

On fixe le jour et le lieu de la réunion du conseil.

On donne avis à l'officier, objet de l'enquête.

Le conseil a lieu à huis clos. Les membres se prononcent par *oui* ou par *non*.

Les pièces reviennent ensuite à la division, sont vérifiées sous le rapport de la régularité des formes, et enfin transmises au ministre, qui prononce.

4° Ensuite viennent les conseils de discipline, régis par les ordonnances ministérielles d'avril 1818 et du 3 avril 1851. Ils sont destinés à juger dans les corps les hommes contre lesquels la discipline ordinaire a épuisé tous ses moyens.

Un conseil de discipline se réunit dans un régiment, sur l'ordre du colonel.

L'avis motivé du conseil est envoyé au général de division, qui prononce.

Le deuxième bureau doit examiner le dossier, signifier au corps la décision du général, indiquer la direction à donner au militaire, transmettre l'affaire au ministre, et enfin envoyer certaines pièces à l'établissement pénitentiaire par la voie hiérarchique.

5° Les cassations et suspensions demandées par les

chefs de corps arrivent au deuxième bureau. On les examine et on les transmet au ministre, en se conformant à l'ordonnance du 14 mai 1853.

6° Les punitions disciplinaires dépendent du même bureau. Le général de division a le droit d'infliger deux mois de prison. On lui demande des augmentations, ou bien il les inflige de lui-même d'après l'examen des situations et rapports.

7° Les commutations de peine en dépendent également. Tous les trois mois ou tous les six mois, conformément aux instructions ministérielles du 28 janvier 1839 et du 9 mai 1852, les établissements pénitentiaires de la division adressent au ministre des états de grâce. Quand le ministre en accorde, on prévient l'établissement pénitentiaire et les corps intéressés.

8° Enfin, le 2° bureau est chargé de la correspondance avec les autorités judiciaires. Par exemple, un procureur impérial réclame un militaire pour un délit antérieur à son entrée au service ; il y a lieu de donner les ordres nécessaires pour le faire remettre à la justice civile.

Le troisième bureau est celui du *recrutement*. Toutes les affaires qui en dépendent se rattachent à la loi du 21 mars 1832 et aux diverses ordonnances subséquentes que le Cours d'administration de l'École fait connaître.

Nous distinguerons pour ce bureau quatre sortes d'affaires principales :

1° Les appels. Le ministre envoie des instructions ; on en accuse réception ; on les transmet aux généraux de brigade. — Après les opérations des conseils de révision, on fait mettre les jeunes soldats en route. — On transmet les itinéraires. On accorde des sursis au-dessus de 30 jours. On donne avis aux divisions intéressées. On rend compte au ministre.

2° La libération et la réforme. Le général de division signe les congés de libération et de réforme.

Il y a deux sortes de réforme :

La réforme n° 1, prononcée aux revues trimestrielles et aux inspections générales d'après des certificats de visite et de contre-visite, et la réforme n° 2, prononcée par une commission spéciale de département convoquée sur l'ordre du général.

Les titres de ces congés exigent une comptabilité. On tient compte du nombre d'imprimés mis par le ministre à la disposition du général. On en justifie l'emploi par des comptes rendus annuels.

3° La réserve. Elle est spécialement sous les ordres des généraux de brigade. Mais la division s'occupe fréquemment de questions qui la concernent.

4° Les dépôts de recrutement, qui forment le cadre sédentaire de la réserve et pour lesquels il y a des nominations, des mutations, des demandes de retraite, des inspections, etc.

Telles sont les principales affaires du troisième bureau.

Le quatrième est celui de l'*infanterie*. Les affaires qui en dépendent peuvent se ranger en 8 classes :

1° Les nominations et promotions. On reçoit du ministre les lettres de nomination. On les transmet aux corps.

2° Les permutations. On transmet les demandes au ministre après avoir vérifié si elles sont conformes aux règlements. On transmet également aux corps les réponses du ministre.

3° Les changements de corps, quand ils sont demandés en dehors des inspections générales ou des revues trimestrielles.

4° Les décès d'officiers et les admissions à la retraite. On rend compte au ministre des décès. On transmet les demandes de retraite. Le général de division signe les mémoires de proposition pour la retraite, quand ceux-ci sont établis en dehors des inspections générales. Et pour l'emploi vacant, soit par suite de décès, soit par suite d'admission à la retraite, le quatrième bureau adresse au ministre un bulletin d'emploi vacant.

5° Les congés et les permissions. Le général les accorde dans la limite de ses pouvoirs. Quand la durée du congé est supérieure à cette limite, le général transmet au ministre un bulletin de demande avec son avis.—Si le ministre accorde, on établit un titre de congé, le général le signe et on l'envoie au corps après inscription faite sur le registre des congés. Il en est de même pour les prolongations. Il en est de même encore pour les congés de convalescence. Pour ces derniers, on joint à la demande des certificats de visite et de contre-visite.

6° Les nominations d'enfants de troupe. Le corps envoie un bulletin de demande. Le quatrième bureau vérifie les conditions et transmet au corps la décision du général ou du ministre, suivant la catégorie à laquelle appartient l'enfant de troupe.

7° Les nominations aux compagnies d'élite. Le chef de corps présente pour un emploi vacant trois candidats dans un tableau spécial. On vérifie les conditions. Le général choisit. On inscrit sa décision dans la dernière colonne du tableau.

8° Enfin, après ces sept catégories d'affaires relatives au personnel de l'infanterie, il y en a une huitième relative au service de l'arme, à l'instruction, à la tenue, aux manœuvres, etc.

Le cinquième bureau est celui de la *cavalerie* et des *remontes*.

Il comporte, quant au personnel et au service de l'arme, les mêmes catégories d'affaires que le bureau de l'infanterie.

Il faut y ajouter, pour les chevaux, les trois catégories suivantes :

1° La mise au vert. Elle est ordonnée par le général à l'époque convenable. On adresse au ministre un état numérique des chevaux mis au vert, et après le vert un rapport sur les résultats obtenus.

2° Les remontes de la troupe. On reçoit du ministre l'avis de l'arrivée des chevaux.

On prévient les subdivisions. Après la réception, on rend compte au ministre de la valeur de la remonte.

3° Les remontes des officiers. On transmet au ministre, après vérification, les demandes de chevaux formées par les officiers, soit à titre gratuit, soit à titre onéreux. On envoie les réponses du ministre.

Le sixième bureau est celui de l'*artillerie*. Il comprend, quant au personnel et aux remontes, les mêmes affaires que le bureau de la cavalerie.

Il faut y ajouter, pour le service de l'arme proprement dit :

1° L'état-major de l'artillerie, dont les nominations et promotions passent par le sixième bureau ;

2° Les demandes de munitions formées par les corps. Elles sont approuvées par le général et transmises à l'artillerie ;

3° Les demandes d'armement qui sont envoyées par les corps et que l'on transmet au ministre ;

4° Le service des établissements qui dépendent de l'artillerie.

Le septième bureau comprend toutes les affaires relatives an *génie* et au *casernement*.

Pour les troupes du génie, ce bureau présente les mêmes catégories d'affaires que celui de l'infanterie.

Pour le casernement, il comprend toutes celles qui sont relatives à sa répartition, aux réparations, aux changements, etc. On correspond alors avec le colonel-directeur, avec les subdivisions et enfin avec les présidents des commissions de casernement de chaque place.

Le huitième bureau est celui de la *gendarmerie*. Il comprend toutes les affaires qui sont relatives à la surveillance que la gendarmerie exerce sur les troupes, à la police et à la discipline du corps, enfin à son recrutement.

Le neuvième et dernier bureau est celui de l'*administration*.

Les affaires qui s'y traitent peuvent être divisées en quatre catégories :

1° Celles qui sont relatives au personnel des corps administratifs, c'est-à-dire :

Aux membres de l'intendance ;

Aux officiers de santé ;

Aux officiers d'administration ;

Et enfin aux troupes d'administration.

Ces différents corps relèvent du commandement territorial en ce qui concerne la police et la discipline.

Quant aux lettres de service et de nomination, elles sont adressées directement à l'intendant : seulement, le général reçoit avis ; il le transmet aux subdivisions, et il met les nominations à l'ordre s'il y a lieu.

2° Les distributions de vivres, de fourrage, de chauffage, etc. Le général reçoit des rapports sur ces distributions. Si elles laissent à désirer, il y a lieu de prendre des mesures en conséquence.

3° Le service des hôpitaux, que le commandement surveille particulièrement aux deux points de vue de la salubrité et de la discipline.

4° Enfin les demandes de secours, les demandes d'admission aux Invalides, les pensions de veuves de militaires, etc.

Telles sont les principales affaires qui sont traitées dans les bureaux d'un état-major de division territoriale.

Chaque affaire, comme nous l'avons vu précédemment, doit être étudiée avec soin. Pour cela il faut la comparer aux dispositions des ordonnances, règlements ou instructions qui régissent la matière.

Ces ordonnances ou instructions forment pour chaque bureau une espèce de code de législation militaire que nous avons appelé son répertoire.

Nous avons essayé, dans le travail qui précède, d'indiquer, pour les bureaux les plus importants, les ordonnances principales qui forment la base de leur répertoire.

Nous ajouterons, en terminant, que la meilleure manière, pour un officier d'état-major, de connaître toutes les parties du *Journal militaire*, est d'occuper successivement les différents bureaux de l'état-major de la division.

II.

Indépendamment de la correspondance que nous venons de voir, un état-major territorial fournit encore un certain nombre d'états et de situations destinés à faire connaître la position des différents services, et adressés au commandant supérieur ou au ministre.

Ces envois ont lieu périodiquement et suivant les cas, tous les jours, tous les cinq jours, tous les mois, tous les trois mois, tous les six mois, ou enfin tous les ans.

Les principaux de ces états sont :

1° La situation journalière. On ne l'envoie qu'exceptionnellement et seulement dans le cas d'événements graves ;

2° Le rapport des cinq jours, relatant d'une manière succincte le départ, l'arrivée et tous les mouvements de troupes de la division. On y joint le résumé des événements un peu importants ;

3° La situation mensuelle des troupes stationnées dans la division ; situation nominative pour les états-majors et officiers supérieurs ; numérique pour la troupe ;

4° Un état particulier pour les généraux, officiers d'état-major, membres de l'intendance, officiers de l'état-major des places, etc. ;

5° L'état mensuel des déserteurs et des détenus ;

6° L'état des hommes envoyés aux travaux publics ;

7° L'état des congés temporaires ;

8° L'état des corps de garde ;

9° L'état des insoumis ;

10° L'état de moralité des prisons ;

11° Les rapports sur les écoles régimentaires ;

12° Les rapports sur les salles de convalescents, etc.

De ces états, les uns viennent des corps, de la gendarmerie, de l'intendance, des dépôts de recrutement, des places, etc. La division les centralise, les vérifie et les transmet.

Les autres sont établis par la division elle-même. Ce sont généralement les secrétaires qui sont chargés de ce travail, mais sous la direction des officiers qui surveillent les états dépendant de leur bureau.

Il faut connaître alors les articles du *Journal militaire* prescrivant la forme de ces états, ainsi que toutes les règles relatives à leur établissement.

III.

On tient dans les bureaux d'un état-major divisionnaire un certain nombre de registres destinés à conserver la trace de toutes les affaires traitées.

Les principaux de ces registres sont les suivants :

1° Les registres de correspondance.

Il y en a ordinairement trois :

Un pour la correspondance avec le ministre et avec le maréchal commandant supérieur ;

Un pour la correspondance avec les généraux de brigade ;

Et enfin un troisième pour la correspondance avec les autorités diverses, autres que les supérieurs ou inférieurs directs.

Chaque registre porte au dos et sur sa couverture l'indication de sa destination. Les lettres y sont copiées à la suite les unes des autres, avec leur date, leur numéro d'ordre et dans la marge l'indication des personnes à qui elles sont adressées.

Il y a ensuite :

2° Un registre d'ordres divisé en deux parties : l'une pour les ordres de l'autorité supérieure, l'autre pour les ordres de la division.

3° Un registre des congés accordés, avec l'indication des noms, grades, corps, durée, etc.

4° Un registre confidentiel qui se trouve entre les mains du chef d'état-major.

5° Un registre-catalogue ou livre d'enregistrement sur lequel le chef d'état-major inscrit succinctement chaque matin le courrier du jour.

6° Un registre télégraphique pour les depêches que l'on adresse par cette voie.

7° Un registre-contrôle pour l'inscription deschevaux des officiers d'état-major.

Nous connaissons maintenant l'ensemble du service des officiers d'état-major dans une division territoriale. Nous terminerons en répétant que ce service n'a pas de règles positives, que chaque chef d'état-major l'organise comme il l'entend sous sa responsabilité personnelle, et que, par suite, les idées que nous venons de présenter se modifient suivant les circonstances.

QUATRIÈME LEÇON.

Service des officiers d'état-major dans les divisions actives à l'intérieur. — Relations entre les divisions actives et les divisions territoriales.

Service des officiers d'état-major aux divers états-majors d'une armée
active en campagne. — Service actif. — Service de bureau.

I.

Il y a en France un certain nombre de divisions actives d'infanterie et de cavalerie qui sont à peu près
sur le demi-pied de guerre et dont l'organisation est
permanente.

Nous avons, par exemple, dans la garde impériale
deux divisions d'infanterie et une division de cavalerie ;

Dans l'armée de Paris, trois ou quatre divisions d'infanterie et une division de cavalerie ;

Dans l'armée de Lyon, trois divisions d'infanterie et
une division de cavalerie ;

Il y a de plus une division de cavalerie à Versailles,
une autre à Lunéville ; et, temporairement, chaque année
deux ou trois divisions d'infanterie avec une division
de cavalerie, au camp de Châlons.

Chacune de ces divisions est formée de deux ou trois
brigades ;

Chaque brigade de deux régiments ;

Chaque régiment d'infanterie de trois bataillons, et chaque régiment de cavalerie de quatre escadrons.

Toutes ces divisions, d'infanterie ou de cavalerie, sont commandées par des généraux de division. Chacun d'eux a près de lui, pour le seconder dans les détails de son commandement, un état-major, composé généralement de la manière suivante :

Un colonel, ou lieutenant-colonel, chef d'état-major ;

Un chef d'escadrons, sous-chef ;

Deux capitaines adjoints.

On trouve employés de cette manière aujourd'hui environ :

Une quinzaine de colonels ou lieutenants-colonels ;

Autant de chefs d'escadrons ;

Vingt-cinq à trente capitaines.

Le nombre de ces emplois est donc assez considérable pour que l'on puisse ranger dans la classe des *positions générales* celle des *officiers attachés aux états-majors des divisions actives.*

Nous allons voir les détails de leur service en l'examinant successivement aux deux points de vue du service actif et du travail de bureau.

Quant au service actif, la division a été organisée dans un but d'activité, soit pour compléter l'instruction militaire des troupes, soit pour les tenir prêtes à entrer en campagne, soit enfin pour maintenir dans l'ordre des populations turbulentes. Il y a, par suite, de nombreuses prises d'armes, pour les manœuvres d'ensemble, pour les promenades militaires, pour les revues, pour les alertes, etc.

Les officiers dont nous nous occupons montent à cheval avec leur chef d'état-major, et l'accompagnent dans ces diverses circonstances.

Dans les manœuvres, ils sont employés au tracé des lignes, à la transmission des ordres ; ils peuvent l'être encore à commander, soit un bataillon, soit un escadron.

Indépendamment des différentes prises d'armes de la division auxquelles ils assistent, ces officiers peuvent avoir encore à visiter des postes, des casernes, des hôpitaux. Ils peuvent assister à des distributions, etc.

Le général de division peut enfin les employer à faire des reconnaissances de terrain, pour préparer les marches militaires et les opérations de guerre que la division doit exécuter ou simuler.

Le service de bureau dans les divisions actives est analogue à celui des divisions territoriales : seulement, il est simplifié par la suppression de plusieurs bureaux et par la diminution du nombre des affaires à traiter.

Ces affaires peuvent être rangées en six catégories et former six bureaux, savoir :

1° Un bureau de correspondance générale ;

2° Un bureau de la justice militaire ;

3° Un bureau du personnel ou de l'arme (infanterie ou cavalerie, suivant la nature de la division) ;

4° Un bureau de l'artillerie, quand la division a une ou deux batteries ;

5° Un bureau du génie, pour la compagnie du génie, s'il y en a une attachée à la division, et, dans tous les cas, pour le casernement ;

6° Enfin le bureau de l'administration.

Le service peut être organisé de manière que chaque officier ait un ou deux bureaux, ou bien il peut l'être de manière que le travail de bureau se fasse par jour.

L'officier de jour expédie toutes les affaires. Ce dernier mode est le plus généralement employé, la classification en bureaux n'étant pas aussi nécessaire dans une division active que dans une division territoriale pour la répartition du travail.

Les officiers de la division font alors le service par vingt-quatre heures.

Les principaux états et situations à fournir sont :

Le rapport journalier ;

Le rapport des cinq jours ;

L'état mensuel des corps de la division.

A cet état mensuel, on joint :

Un état des déserteurs ;

Celui des légionnaires décédés ;

Celui des officiers d'état-major attachés aux différents corps de la division ;

L'état des pelotons hors rang ;

Celui des musiques ;

Le rapport sanitaire ;

Le rapport sur les écoles ;

L'état des mutations des officiers généraux ou d'état-major, etc.

Les registres à tenir sont :

1° Un registre de correspondance divisé en deux parties, l'une pour la correspondance avec le commandant du corps d'armée, l'autre pour la correspondance avec les généraux de brigade ;

2° Un registre d'ordre ;

3° Un registre des congés, etc.

Tel est l'ensemble du service des officiers d'état-major dans les divisions actives à l'intérieur, soit dans des garnisons, comme Paris ou Lyon, soit dans des camps, comme Boulogne, Sathonay, Châlons, soit dans des cantonnements, comme à l'armée des Alpes en 1849.

C'est ici le lieu de parler des relations qui existent entre les divisions actives et les divisions territoriales, relations que doivent connaître les officiers attachés aux états-majors des unes et des autres.

Ces relations sont réglées par l'ordonnance du 20 septembre 1831, dont voici les principales dispositions.

Quand une brigade active, isolée et non endivisionnée, se trouve dans une division territoriale, cette brigade est sous les ordres du général commandant la division territoriale.

Quand une division active se trouve dans une division territoriale, le général commandant la division active, quelle que soit son ancienneté, exécute les ordres du général commandant la division territoriale pour l'établissement et le mouvement des troupes, le service à fournir, la police et la discipline, en ce qu'elles peuvent avoir de relatif à la tranquillité publique. Il lui envoie les situations numériques de sa division ; il en reçoit les mots d'ordre. Mais il correspond directement avec le ministre pour le personnel et l'instruction de la division.

Enfin, si le quartier général d'une division active est placé dans la résidence d'un général de brigade commandant une subdivision territoriale, ce dernier est sous les ordres du général commandant la division active.

Depuis l'organisation des arrondissements et d'après l'instruction du 9 février 1858, les maréchaux commandants supérieurs ont aujourd'hui sous leurs ordres tous les généraux de division de l'arrondissement, qu'ils commandent des divisions territoriales ou des divisions actives.

II.

Nous allons examiner maintenant le service des officiers d'état-major attachés aux divers états-majors d'une armée active.

Il y a dans une armée active plusieurs états-majors :

1° D'abord l'état-major général : celui qui se trouve auprès du général en chef. C'est le plus important et le plus nombreux. Il comprend :

1 chef d'état-major général, ordinairement général de division ;

1 général de brigade ou 1 colonel, sous-chef ;

1 ou 2 lieutenants-colonels ;

2 ou 3 chefs d'escadrons ;

6 ou 8 capitaines ;

2° Ensuite viennent les états-majors de corps d'armée. Ils comprennent chacun :

1 général de brigade chef d'état-major ;

1 lieutenant-colonel, sous-chef ;

1 chef d'escadron ;

3 ou 4 capitaines.

3° Enfin viennent les états-majors de divisions, soit d'infanterie, soit de cavalerie. Chacun d'eux comprend :

1 colonel ou lieutenant-colonel, chef d'état-major ;

1 chef d'escadron ;

2 ou 3 capitaines.

Telle est généralement l'organisation des divers états-majors d'une armée active.

Quand plusieurs armées sont réunies sous le commandement d'un souverain , comme en 1813 les armées françaises autour de Dresde, comme en 1859, dans la dernière campagne d'Italie, le chef d'état-major prend alors le nom de *major-général*. C'est ainsi que l'on désignait le prince Berthier en 1813, le maréchal Vaillant en 1859.

Et un major général a ordinairement auprès de lui un certain nombre *d'aides-majors généraux*. En 1813, il y en avait trois.

Étudions le service des officiers employés dans les divers états-majors dont nous venons de parler.

L'ordonnance du 3 mai 1832, modifiée par celles du 8 avril 1837 et du 9 décembre 1840, détermine ainsi leurs fonctions :

« Dans chaque division, un officier est spécialement
« chargé de diriger les divers bureaux ; les autres le
« secondent au besoin, mais sont le plus généralement
« employés aux objets généraux du service, tels que
« les reconnaissances, les levés topographiques, les
« missions, l'établissement des camps et cantonne-
« ments, les magasins, les subsistances, les distribu-
« tions, les parcs, etc. »

Il est dit plus loin que les distributions d'une division se font toujours en présence d'un officier supérieur d'état-major.

L'ordonnance ajoute encore :

« Un officier d'état-major est spécialement destiné
« pour commander le grand quartier général. Il est
« chargé de tout le logement dans le lieu où le quar-
« tier général est établi. Il reconnaît les emplace-
« ments à occuper par les postes et par les gardes. Il

« se concerte avec la gendarmerie pour maintenir au
« quartier général la police et le bon ordre. »

Enfin, on trouve dans l'ordonnance du 3 mai cette
disposition :

« Les officiers supérieurs d'état-major peuvent, sur la
« proposition du général divisionnaire, être appelés
« par le commandant en chef à remplir par intérim
« dans les régiments les fonctions de leur grade. »

En même temps, elle règle leurs relations avec les
troupes.

« A grade égal, dit-elle, les officiers d'état-major ont
« le commandement sur tous les autres officiers em-
« ployés dans une même mission qu'eux. Lorsqu'ils
« sont chargés de diriger une mission ou une recon-
« naissance, sans avoir le commandement de la troupe,
« le chef de la troupe et les officiers des autres armes
« doivent se concerter avec eux, pour toutes les dispo-
« sitions qui peuvent assurer le succès de l'expé-
« dition.

« Un officier d'état-major, chargé de la direction ou
« même du commandement d'une troupe, dans un
« poste ou dans une opération, ne peut étendre son
« autorité au personnel, à l'administration ou à la
« discipline intérieure de cette troupe. »

Essayons de développer ces dispositions de l'ordonnance, en nous reportant au Cours d'art militaire, en
rappelant les principes des diverses opérations et en
étudiant le rôle que les officiers d'état-major peuvent
y jouer. Nous nous souviendrons qu'en campagne,
comme à l'intérieur, les généraux et les chefs d'état-
major sont toujours libres d'organiser le service comme
ils l'entendent et de le modifier suivant les circonstances. Il n'y a donc pas de règles positives, et les

idées que nous allons présenter sur ce sujet ne seront toujours que des idées générales.

Le service des officiers d'état-major aux divers états-majors d'une armée active présente, comme précédemment, deux caractères principaux. Il faut examiner leur service actif et leur service de bureau.

Commençons par le premier.

Les officiers d'état-major, attachés aux divers états-majors d'une armée active, prennent part à toutes les opérations de la guerre. Or, la guerre se résume en trois actes principaux : marcher, camper et combattre. Étudions donc le rôle de ces officiers dans les marches, dans les camps et dans les batailles.

Les marches s'opèrent loin de l'ennemi, à sa portée ou sous son feu.

Les marches des deux premières espèces ont lieu sur des routes ou sur des chemins. Les marches de la troisième ont lieu sur des directions praticables, à travers champs, et que nous avons appelées *débouchés tactiques*.

Dans tous les cas, il faut connaître la largeur de ces débouchés pour fixer le front des colonnes, leur longueur pour calculer le temps nécessaire à les parcourir, leur nature pour déterminer les armes qui doivent les suivre.

Il faut connaître encore les obstacles qui couvriront la marche du côté de l'ennemi, ceux que l'on sera exposé à rencontrer dans l'intérieur de la marche, les ressources que présente la route pour la nourriture des hommes et des chevaux, etc.

Tous ces détails appartiennent au service des officiers d'état-major, et leurs reconnaissances, combinées avec les renseignements de toute espèce, fournis par les voyageurs, les espions, les prisonniers, servent à établir l'*ouverture de la marche*.

Représentons-nous maintenant l'armée en marche.

Les colonnes de troupes s'avancent sur plusieurs directions parallèles, éloignées les unes des autres de trois ou quatre lieues. Dans chaque colonne, les divisions sont échelonnées à une ou deux heures de distance. Le rôle des officiers d'état-major consiste alors :

1° A guider les colonnes ;

2° A jalonner les directions ;

3° A maintenir l'ordre dans l'ensemble de la marche et particulièrement dans les bagages.

Pour guider les colonnes, il y a un officier d'état-major à la tête de chacune d'elles, accompagnant l'extrême avant-garde et donnant la direction.

Cet officier doit en même temps étudier le pays, vérifier les cartes, monter sur les points élevés pour voir au loin, interroger les voyageurs, les paysans, etc., prendre enfin tous les renseignements topographiques ou statistiques qui peuvent être utiles à l'armée.

Dans les défilés, dit le général Thiébaut, il indique les passages à droite et à gauche aux officiers et aux autres personnes à cheval. Il a sous ses ordres cinquante ou soixante travailleurs qui marchent à la tête de l'avant-garde et qui sont destinés à réparer la route.

Pour jalonner les directions, deuxième partie du rôle des officiers d'état-major dans les marches, on emploie des poteaux indicateurs ou de simples perches avec des bouchons de paille, ou enfin de petits postes qui sont relevés de division en division. On place ces divers moyens d'indication aux embranchements de chemins et sur les points douteux.

Pour maintenir l'ordre dans l'ensemble de la marche, les officiers d'état-major sont envoyés fréquemment d'une colonne à l'autre, de manière à les tenir en communication constante, et de manière que le général en chef sache toujours où prendre chacune d'elles.

Quant aux bagages, ils forment, en dehors des troupes, des masses considérables d'hommes, de chevaux et de voitures.

Il y a les bagages des officiers, les voitures des divers quartiers généraux, les parcs de l'artillerie, les équipages du train, les convois auxiliaires, les ambulances, les équipages de ponts, etc.

Il est évident que cette masse d'*impedimenta* et de non-combattants tombera dans la confusion, si l'état-major ne s'occupe pas de l'organiser en différents groupes, partant à des heures différentes, formant des colonnes séparées, suivant plusieurs directions, etc.

C'est évidemment là une partie fort importante du service des officiers d'état-major à la guerre.

En résumé, pendant les marches, l'état-major seconde le commandement, lui sert d'intermédiaire avec les troupes et forme une sorte de lien, de cadre général qui embrasse l'ensemble de l'opération.

Après les marches, viennent les camps, cantonnements et bivouacs.

Pour y établir les troupes, il faut des reconnaissances préliminaires qui indiquent les emplacements les plus favorables et en même temps les obstacles naturels, destinés à couvrir le front et les flancs de l'armée, les communications en arrière, les débouchés par lesquels peut arriver l'ennemi, etc.

Ces reconnaissances appartiennent aux officiers d'état-major.

Puis vient le tracé du camp, que ces officiers font d'après les règles du service en campagne et concurremment avec les officiers du génie. On marque la place de chaque régiment, de chaque bataillon, de chaque compagnie et, s'il y a lieu, de chaque tente.

On indique encore pour chaque division l'emplacement du quartier général, celui de l'ambulance, celui du troupeau, etc., etc.

Une fois le camp tracé, l'officier d'état-major y amène la troupe et indique à chacun la place qui lui est destinée.

Pendant le séjour de l'armée dans les camps ou cantonnements, les officiers d'état-major ont la surveillance des quartiers généraux.

A cette position des troupes dans les camps, nous rapporterons une partie importante du service d'état-major : les *missions*.

On distingue deux sortes de missions :

Les missions à l'ennemi,

Et les missions sur le théâtre d'opérations.

Les missions à l'ennemi ont lieu quand on veut établir des communications avec l'ennemi, pour des échanges de prisonniers, pour enterrer les morts après une affaire, pour un armistice de quelques heures, comme cela a eu lieu souvent en Crimée, ou bien pour proposer une capitulation, comme le comte de Ségur, envoyé par Napoléon à Mack en 1805.

Le général Thiébaut recommande, pour ces missions, de choisir des officiers d'une belle tenue et d'une bravoure éprouvée. On les fait accompagner d'un trompette et de quelques cavaliers d'une tournure militaire, intelligents, connaissant autant que possible la langue du pays.

Les missions sur le théâtre d'opérations ont pour but de porter partout la surveillance du général, dans les ambulances, dans les magasins, dans les postes de toute espèce.

Ces missions s'accomplissent à cheval dans les limites d'une dizaine de lieues. Plus loin, elles ont lieu en poste, et il y a ordinairement à chaque quartier général une ou deux voitures pour ce service. Aujourd'hui, quand ce sera possible, elles auront lieu par chemins de fer.

Enfin, nous arrivons au rôle que doivent jouer les officiers d'état-major dans les batailles. Nous allons nous les représenter successivement dans les trois périodes qu'offre une bataille moderne.

Dans la première période, les officiers d'état-major sont chargés de la reconnaissance de l'ennemi et de celle du terrain.

Ils précèdent l'armée. Ils marchent avec les avant-gardes. Ils cherchent à voir la position de l'adversaire, à apprécier le nombre de ses troupes, la manière dont elles sont disposées et les points qui paraissent les plus avantageux à attaquer.

Leurs croquis et leurs rapports éclairent les projets du général et servent de bases à son plan de bataille.

En même temps, ces officiers reconnaissent la position sur laquelle va se déployer l'armée ; puis, lorsque les colonnes arrivent, ils tracent les lignes de l'ordre

de bataille et ils vont servir à encadrer le déploie-
ment.

Voici comment le général Pelet décrit cette opération :

« Le général en chef, dit-il, a arrêté son plan de
« bataille; il l'a développé à son chef d'état-major qui
« est chargé de disposer les troupes.

« Celui-ci parcourt la ligne de bataille avec ses aides-
« majors généraux, avec les chefs d'état-major des
« corps d'armée et des divisions, et avec un nombre
« d'officiers d'état-major suffisant pour encadrer les
« divers points.

« Il juge rapidement les accidents, mesure l'espace
« à vue, choisit les emplacements convenables aux
« diverses armes et répartit le terrain à chaque corps
« d'armée. Il indique l'ordre de formation et donne
« les directions générales d'attaque et de retraite. Cette
« opération, faite au galop sur un front d'une lieue et
« demie, doit être terminée en moins d'une heure. A
« mesure que chaque chef d'état-major de corps d'ar-
« mée reçoit son terrain, il le distribue aux chefs
« d'état-major des divisions. Ceux-ci placent les ba-
« taillons au moyen de leurs officiers d'état-major et
« des adjudants-majors des régiments.

« Ainsi, l'encadrement de l'armée entière, ployé à
« tous les accidents du sol, est dessiné par ces divers
« officiers. En moins de deux heures, une armée
« considérable doit être par ce système rangée en
« bataille et prête à combattre. »

L'état-major forme donc ainsi l'encadrement mobile
de l'armée.

Pendant la deuxième période, c'est-à-dire pendant
l'engagement lui-même, chaque chef d'état-major

accompagne son général, pour assurer la transmission de ses ordres et en même temps pour être employé par lui, soit à placer une batterie, soit à conduire une colonne, soit à mener une réserve à la charge.

En 1796, au passage du Rhin par l'armée de Rhin-et-Moselle, on voit les trois colonnes d'attaque conduites par trois adjudants généraux : Abattucci, Decaen et Bellavène.

Les autres officiers d'état-major accompagnent le général et le chef d'état-major, prêts à se porter partout où leur présence serait jugée nécessaire. Si le général veut faire exécuter à ses troupes quelque grand mouvement, avancer ou refuser une aile, marcher en avant, changer de front ou battre en retraite, ces officiers rayonnent dans toutes les directions. Les uns, ce sont particulièrement les aides de camp et les officiers d'ordonnance, transmettent les ordres du général ; les autres, ce sont particulièrement les adjoints, vont guider les colonnes, servir de jalons aux déploiements, et, comme nous le disions tout à l'heure, encadrer la manœuvre pour les grandes unités, corps d'armée ou divisions auxquels ils correspondent.

Voilà le rôle des officiers d'état-major pendant la deuxième période d'un engagement.

Pendant la troisième période, si l'on est vainqueur, ils établissent l'armée dans sa position nouvelle; ils sont chargés d'organiser la poursuite, de chercher les traces de l'ennemi.

Si l'on est vaincu, ils doivent organiser la retraite, disposer d'avance les réserves pour recueillir les débris de l'armée et arrêter la poursuite. Ils doivent préparer les débouchés, les ponts, les passages. Ils sont chargés de veiller à l'écoulement des colonnes de l'artillerie et des bagages. Enfin, leur rôle est très-important dans ce moment critique, et en le remplissant bien, ils facilitent beaucoup l'opération la plus délicate de la guerre.

Après le service actif de ces officiers, examinons leur service de bureau.

Le général en chef, les généraux commandant les corps d'armée, les généraux commandant les divisions, entretiennent une correspondance journalière ; d'abord les uns avec les autres, ensuite avec le ministre, avec les intendants, les commandants d'artillerie ou du génie, enfin avec les chefs des différents services.

C'est cette correspondance qui fait l'objet du travail de bureau dont nous nous occupons.

L'organisation des bureaux en comporte ordinairement huit :

1° Celui de la correspondance générale, comprenant les affaires les plus importantes, lettres chiffrées, correspondance secrète, espionnage, dépêches télégraphiques, etc ;

2° Le bureau de la justice militaire ;

3° Celui du personnel, qui devient le bureau de l'arme dans les divisions ;

4° Celui de l'artillerie ;

5° Celui du génie ;

6° Celui des mouvements et opérations ;

7° Celui de l'administration ;

8° Enfin, le bureau statistique, historique et topographique, qui comprend la rédaction du journal des opérations, la conservation des cartes, dessins, plans, etc.

Chaque officier adjoint peut avoir un groupe de

deux ou trois bureaux, ou bien, comme dans les divisions actives à l'intérieur, le service peut se faire par jour.

Le premier système est employé à l'état-major général et dans les états-majors de corps d'armée. Le second système est employé dans les divisions.

Dans un état-major de division, composé de trois officiers, il y en aura un de jour, faisant le travail de bureau; un de piquet, ayant son cheval sellé, prêt à monter à cheval; enfin le troisième au repos. L'officier de service surveille ordinairement les sonneries de la division. Il accompagne quelquefois le chef d'état-major au rapport qui a lieu tous les matins chez le général. Un des officiers d'état-major de la division est chargé de tout le détail relatif aux chevaux, ordonnances, distributions, bons, pensions, etc., sans être pour cela dispensé de service.

Ainsi que je l'ai dit, cet officier représente le commandant du quartier général de la division.

Quand il s'agit d'un corps d'armée, comme ce commandement est beaucoup plus important, l'officier qui en est chargé ne fait pas d'autre service.

Comme organisation matérielle, le général Thiébaut veut pour chaque chef d'état-major une caisse divisée en compartiments et disposée de telle manière qu'en s'ouvrant, elle forme une sorte de bureau de travail. Chaque officier d'état-major doit avoir également ce qui lui est nécessaire pour remplir les fonctions de son emploi, et particulièrement des instruments portatifs pour les levés expédiés, etc.

Les situations à fournir dans une armée sont prescrites par le commandement de l'armée, qui fait établir des modèles à cet effet; elles sont particulièrement destinées à faire connaître les effectifs en les décomposant en présents, combattants, indisponibles, etc.

Les registres sont toujours ceux indiqués précédemment; on y joint un journal des marches et opérations.

CINQUIÈME LEÇON

I.

Les aides de camp sont donnés aux généraux pour les aider dans les détails de leurs commandements et pour la transmission de leurs ordres.

D'après l'ordonnance de 1818, les maréchaux de France peuvent avoir auprès d'eux, en temps de paix, quatre officiers, aides de camp ou officiers d'ordonnance, et en temps de guerre, six.

Les généraux de division ont droit, en temps de paix, à deux aides de camp : un chef d'escadrons et un capitaine. En temps de guerre, ils peuvent prendre, en outre, un officier d'ordonnance.

Les généraux de brigade ont droit, en temps de paix, à un aide de camp du grade de capitaine, et en temps de guerre, ils prennent, en outre, un officier d'ordonnance.

On voit assez fréquemment des généraux de brigade n'avoir que des officiers d'ordonnance ; mais ils ne doivent le faire, dit l'instruction ministérielle, qu'à défaut d'officiers d'état-major.

Le service des aides de camp est réservé, en France, au corps d'état-major ; chez les puissances étrangères, il n'en est pas de même.

En Autriche, les aides de camp forment un corps particulier, celui des *adjudants*.

En Prusse, les aides de camp sont choisis par les officiers généraux dans les troupes sous leurs ordres.

En Russie, le système est mixte. Les aides de camp sont pris en partie dans les troupes, en partie dans le corps d'état-major.

Le système qui permet aux généraux de choisir leurs aides de camp dans tous les corps offre, pour ces généraux, l'avantage d'avoir auprès d'eux des officiers qu'ils connaissent mieux, qui sont mieux à leur main, avec qui il leur est plus facile d'établir des rapports d'entière confiance.

Le système qui limite au corps d'état-major le choix des aides de camp offre l'avantage de mettre auprès des officiers généraux des officiers plus instruits et possédant surtout les connaissances spéciales qui sont particulièrement nécessaires dans l'exercice de leurs fonctions.

Ce second système, quand il est tempéré dans son application, comme en France, semble devoir donner les meilleurs résultats.

Quoi qu'il en soit, nous distinguerons deux classes d'aides de camp, dont les fonctions diffèrent d'une manière assez sensible :

Les aides de camp des généraux de brigade, et les

aides de camp des généraux de division, auxquels on peut ajouter les aides de camp des maréchaux.

Les uns et les autres sont nommés par le ministre, soit d'office, soit sur la demande des officiers généraux.

Nous examinerons aujourd'hui le service des aides de camp des généraux de brigade ; dans la leçon suivante, le service des aides de camp des généraux de division. Commençons par présenter quelques considérations générales qui s'appliquent aux uns et aux autres.

Le service d'aide de camp est un service militaire qui n'a rien de personnel.

L'aide de camp d'un général est attaché à son commandement et non pas à sa personne.

Néanmoins, il est évident que ses fonctions, le rapprochant beaucoup et fréquemment du général, demandent des rapports de confiance et impliquent un certain degré d'intimité. Cette intimité est plus ou moins grande suivant le caractère et les habitudes du général. Quelle qu'elle soit, un aide de camp doit toujours entourer son chef des égards et du respect que comportent son âge, son grade et ses services militaires.

L'aide de camp d'un général est particulièrement chargé de la transmission de ses ordres. Parlons donc ici de la transmission des ordres ; ce que nous dirons sur ce sujet sera applicable au service des autres officiers d'état-major attachés aux divers états-majors, qui en transmettent également, quoique d'une manière moins spéciale.

On peut distinguer deux espèces d'ordres à transmettre :

Sur un champ de bataille,
Et sur un théâtre d'opérations.

Sur un champ de bataille, on transmet des ordres aux différentes lignes de l'ordre de bataille ou bien aux troupes des réserves. Les distances à parcourir sont généralement de un ou deux kilomètres. De plus, les circonstances sont pressantes : il s'agit, par exemple, de porter à une réserve de cavalerie l'ordre de charger un ennemi ébranlé, comme le général Rapp, à Austerlitz. Un ordre semblable demande, avant tout, de la rapidité. Il faut le porter au galop, en franchissant tous les obstacles.

Sur un théâtre d'opérations, on transmet les ordres du général vers des points plus éloignés ; par exemple, dans une marche stratégique, on transmet les ordres du général en chef de la colonne du centre à l'une des colonnes des ailes. Les distances à parcourir sont de 3, 4, 5 lieues. Il faut, alors, une allure soutenue et du fond plutôt que de la rapidité momentanée. Il faut, en même temps, de l'intelligence dans le choix de la direction à prendre.

Voici un exemple qui le prouve :

Le 18 juin 1815, l'Empereur est en présence de l'armée anglaise à Waterloo, avec la colonne principale de l'armée française.

Une colonne secondaire sous les ordres du maréchal Grouchy est à environ six lieues sur la droite, à Gembloux, à la suite des Prussiens, qui ont été battus à Ligny.

L'Empereur, voulant attaquer les Anglais, cherche à rapprocher de lui sa colonne secondaire et à la faire déboucher sur le flanc de la position de Mont-Saint-Jean.

Deux ordres sont envoyés à cet effet au maréchal.

Le premier ne lui parvint pas.

Le second fut confié vers une heure, au moment où s'engageait sérieusement la bataille, à un colonel polonais, le colonel Zénovitz. Au lieu d'aller au-devant du maréchal et de chercher à passer la Dyle aux ponts de Limale, de Limelette, d'Ottignies ou de Moustier, ce qui était possible dans l'après-midi du 18 juin, le général Excelmans ayant alors dépassé Mont-Saint-Guibert avec l'avant-garde du maréchal, le colonel Zénovitz revint aux Quatre-Bras, puis se dirigea sur Gembloux par Sombref. Il fit ainsi 11 lieues au lieu de 5. Il mit 6 heures de temps pour remplir sa mission. Il n'arriva à destination qu'à 7 heures du soir.

S'il s'était rendu directement à Mont-Saint-Guibert, il pouvait rejoindre le maréchal en 2 heures. La bataille aurait eu peut-être un autre résultat.

Citons encore, comme exemple de transmission d'ordres sur un théâtre d'opérations, le colonel Fabvier le premier jour de la bataille de Laon, envoyé par le maréchal Marmont, d'Athies vers Bergère et Etouvelles, pour se mettre en communication avec l'Empereur. Le colonel est escorté par un détachement de 600 chevaux et 2 pièces de canon.

Ces exemples montrent ce que nous appelons une mission sur le théâtre d'opérations.

Ils montrent, en même temps, l'importance qu'il faut attacher à la transmission des ordres et aux fonctions des officiers d'état-major.

« Les fautes d'un colonel, dit à ce sujet un officier « général russe, voire même celles d'un général de « brigade, sont faciles à réparer. Celles d'un officier « d'état-major sont le plus souvent irréparables. »

Les historiens de la campagne de 1849 en Italie attribuent la perte de la bataille de Novare à la mauvaise organisation de l'état-major piémontais à cette époque.

Quelle que soit la nature de l'ordre à transmettre, un officier d'état-major doit s'attacher, en le recevant, à le bien comprendre, à en saisir l'esprit, plutôt que la lettre, c'est-à-dire à saisir surtout l'intention dans laquelle cet ordre est donné, le moment et les circonstances auxquels il se rapporte.

Il doit chercher, en le transmettant, à le faire aussi clairement, aussi fidèlement, aussi simplement que possible. Il assiste ensuite au commencement d'exécution et enfin il vient rendre compte au général. Un officier d'état-major n'est donc pas seulement le porte-voix de son général; il est, pour ainsi dire, son représentant.

A ce sujet, le général Thiébaut dit qu'il serait à désirer que, dans certaines circonstances, un général pût autoriser son aide de camp à modifier, en cas de besoin, des ordres destinés à des corps éloignés, car la face des choses change d'un moment à l'autre; et un ordre bon pour un moment peut ne plus l'être pour un autre.

Nous en trouverons un exemple dans le *Siècle de Louis XIV*, de Voltaire.

« Torstenson, dit-il, était page de Gustave-Adolphe
« en 1624. — Le roi, près d'attaquer un corps de Li-
« thuaniens en Livonie et n'ayant point d'adjudant
« auprès de lui, envoya Torstenson porter ses ordres à
« un officier général, pour profiter d'un mouvement
« qu'il vit faire aux ennemis. Torstenson part et re-
« vient. Cependant les ennemis avaient changé leur
« marche. Le roi était désespéré de l'ordre qu'il avait
« donné : Sire, dit Torstenson, daignez me pardonner ;
« voyant les ennemis faire un mouvement contraire,

« j'ai donné un ordre contraire. Le roi ne dit mot ;
« mais, le soir, ce page servant à table, il le fit sou-
« per à côté de lui et lui donna une enseigne aux
« gardes ; quelques jours après, une compagnie ;
« ensuite un régiment. Torstenson fut un des plus
« grands capitaines de l'Europe. »

Bien entendu, malgré l'exemple ci-dessus, un officier d'état-major ne doit jamais prendre sur lui de
changer un ordre reçu, à moins, comme nous l'avons
dit tout à l'heure, qu'il n'en ait obtenu l'autorisation
du général et qu'il ne possède toute sa confiance.

Indépendamment des ordres transmis par eux-
mêmes, les aides de camp sont encore chargés fréquemment d'en faire transmettre par des plantons
et ordonnances. Ce sont ordinairement des ordres
écrits auxquels il faut assurer une réception rapide.

On confie alors la dépêche à un planton, cavalier ou
fantassin ; sous-officier, brigadier ou soldat. On lui
donne en même temps un reçu préparé à l'avance, sur
lequel on inscrit l'heure du départ et sur lequel la personne intéressée doit inscrire l'heure de l'arrivée.—On
s'assure, en même temps, que le porteur est dans une
tenue convenable et enfin qu'il connaît son itinéraire.

Telles sont les considérations relatives à la transmission des ordres et à la position d'aide de camp en général.

Voyons maintenant le service particulier des aides
de camp des généraux de brigade.

II.

Le service des aides de camp des généraux de brigade peut être examiné sous trois points de vue :

1° Au point de vue du service dans les subdivisions territoriales;

2° Au point de vue du service dans les brigades actives;

3° Au point de vue du service dans les revues trimestrielles.

Occupons-nous du premier.

Le service de l'aide de camp d'un général de brigade, commandant une subdivision territoriale, se divise en service actif et service de bureau.

Le service actif comprend les prises d'armes, revues, manœuvres, marches militaires, etc...., auxquelles assiste le général.

L'aide de camp prend ainsi part à tous les actes de la vie militaire de son chef, et, pendant les diverses opérations que nous venons d'indiquer, il doit rester auprès de lui, pour être à sa disposition, pour prendre note de ses observations, pour porter ses ordres, etc.

Son service actif comprend encore la surveillance des gardes, piquets d'escorte, plantons, etc., qui sont au quartier général de la subdivision ;

Puis les cérémonies publiques, où l'aide de camp accompagne son général;

Enfin les missions particulières qui peuvent lui être confiées dans l'étendue de la subdivision.

Quant au service de bureau, il comprend toutes les affaires que nous avons vues traitées dans les états-majors de divisions, seulement en proportions moindres.

Le bureau d'un général de subdivision est un état-major divisionnaire sur une petite échelle.

Ce bureau comprend comme personnel :

Le général lui-même, qui se réserve une partie de la correspondance ;

L'aide de camp du général ;

Un ou deux secrétaires.

Ce bureau correspond avec les autorités suivantes :

1° Le général de division, commandant la division territoriale ;

2° Les chefs de corps et d'établissements de la sub-division ;

3° Le sous-intendant ;

4° Les commandants de place ;

5° Les commandants des dépôts de recrutement ;

6° Ceux de la gendarmerie ;

7° Les autorités civiles, préfets, maires ;

8° Les autorités judiciaires ;

9° Les autorités religieuses, etc.

Les formes générales de la correspondance sont celles qui ont été indiquées précédemment.

Il y a également des formules consacrées par l'usage pour le commencement et la fin des lettres.

Après la signature, toutes les lettres sont enregistrées et reçoivent un numéro d'ordre. Elles sont mises sous enveloppes ou sous bandes, en se conformant au tableau des franchises. Enfin elles sont contre-signées et expédiées.

Ces opérations sont analogues à celles qui ont lieu dans une division.

Les affaires traitées se classent généralement en neuf catégories qui correspondent aux neuf bureaux que nous avons vus précédemment. Ainsi nous avons :

1° Les affaires générales, politiques et confidentielles,

qui sont ordinairement traitées par le général lui-même ;

2° Puis viennent les affaires qui appartiennent à la justice militaire. Toutes les plaintes dont nous avons parlé dans les leçons précédentes, en conseil de guerre, en conseil d'enquête, pour des punitions disciplinaires, etc., passent par l'intermédiaire du général de brigade qui vérifie les pièces, en signe quelques-unes, donne son avis et transmet les dossiers ;

3° Ensuite viennent les affaires qui appartiennent au recrutement ; elles dépendent d'une manière toute spéciale du général subdivisionnaire. C'est lui qui fait la tournée de révision avec le préfet et les autorités désignées. C'est lui qui préside à la mise en route des jeunes soldats, qui passe la revue de départ, qui organise les détachements, qui accorde, s'il y a lieu, des sursis de départ ou des changements de destination. C'est lui, enfin, qui est chargé de tous les détails de l'appel d'une classe. Il est chargé encore de tout ce qui concerne la réserve, mariages des jeunes soldats qui en font partie, permissions de changements de résidences, etc. ;

4° En quatrième lieu, viennent les affaires de l'infanterie, nominations, promotions, permutations des officiers, congés, permissions pour les officiers et pour la troupe, nominations aux compagnies d'élite, enfin, prescriptions et instructions relatives au service des troupes de l'arme, à leur tenue, à leurs manœuvres, etc. ;

5° A la suite des affaires de l'infanterie viennent celles de la cavalerie, qui ont avec elles beaucoup d'analogie ;

6° Celles de l'artillerie ;

7° Celles du génie et du casernement ;

8° Celles de la gendarmerie;

9° Enfin, celles de l'administration, qui comprennent les demandes de secours, les demandes de pensions, etc.

Pour toutes ces affaires, la subdivision est l'intermédiaire entre la division et les corps de troupe ou les établissements.

Dans l'exécution du travail, le général se réserve ordinairement le premier bureau; son aide de camp fait le travail des autres bureaux.

De sorte que celui-ci est appelé à connaître toutes les affaires qui se traitent dans un état-major divisionnaire et que sa position est à un degré moindre celle d'un chef d'état-major.

La subdivision envoie à la division un certain nombre d'états et de situations.

Les principaux sont les suivants :

1° Une situation journalière indiquant l'effectif de chaque corps avec les mutations;

2° Une situation des cinq jours servant à l'établissement de la situation des cinq jours de la division;

3° Tous les mois, on fait, à la division, l'envoi d'un dossier pour chaque corps.

Ce dossier comprend un certain nombre de pièces prescrites par les règlements, et parmi ces pièces, les plus importantes sont les suivantes :

1° La situation mensuelle du corps établie d'après le modèle de la circulaire ministérielle du 29 décembre 1831;

2° L'état des officiers pouvant être appelés à faire partie des conseils de guerre;

3° L'état nominatif de l'officier d'état-major attaché au corps;

4° L'état des logements et pensions des officiers ;

5° Le rapport sur les écoles régimentaires, etc.

La subdivision ajoute à ces dossiers des corps :

1° Un état nominatif des officiers généraux et d'état-major employés dans la subdivision ;

2° Une situation des garnisons, postes et établissements :

3° Un état des insoumis, etc.

On tient, dans une subdivision comme dans un état-major divisionnaire, un certain nombre de registres, savoir :

Un registre de correspondance, ordinairement divisé en deux parties : l'une contenant les lettres adressées au général de division ; l'autre contenant les lettres adressées aux corps, établissements et autorités inférieures.

Ensuite vient le registre d'ordres, présentant d'un côté les ordres de la division et de l'autre les ordres de la subdivision.

Puis il y a le registre des congés avec les mêmes indications que celui de la division.

Enfin, un registre pour les secours, s'il y a lieu, etc.

III.

Nous allons voir maintenant le service d'un officier d'état-major aide de camp d'un général de brigade, commandant une brigade active.

Le service actif de cet officier consiste surtout en prises d'armes, manœuvres, marches militaires.

Il consiste aussi en reconnaissances précédant ces diverses opérations.

Enfin, sur le terrain, il comprend le tracé des lignes, la transmission des ordres, etc.

Quant au service de bureau, le personnel du bureau comprend :
Le général lui-même ;
Son aide de camp ;
Un ou deux secrétaires.
Le général se réserve ordinairement les affaires importantes, politiques et confidentielles.

L'aide de camp fait le reste du travail correspondant aux divers bureaux indiqués précédemment pour la division active. Il traite alors toutes les affaires relatives à la justice militaire, à l'arme, aux mouvements et opérations, à l'administration ; enfin il tient le journal historique de la brigade.

Il n'y a plus dans une brigade active, comme dans une subdivision territoriale, de correspondance avec les autorités civiles, judiciaires et religieuses ; on ne s'occupe plus de recrutement.

La correspondance est donc très-simplifiée ; elle ne s'applique plus qu'aux troupes de la brigade, à leur instruction, à leur tenue, à leurs mouvements, au personnel des officiers et de la troupe, enfin aux opérations militaires.

Les états et situations à fournir sont :
1° Une situation journalière des troupes de la brigade ;
2° Une situation des cinq jours ;
3° Des états de fin de mois qui sont généralement établis par les corps et que la brigade vérifie et transmet.

Quant aux registres, il y a toujours :
Un registre de correspondance divisé en deux par-

ties : l'une pour le général de division, l'autre pour les chefs de corps ;

Un livre d'ordres, également divisé en deux parties : l'une pour les ordres de l'armée, du corps d'armée et de la division, l'autre pour les ordres de la brigade.

IV.

Terminons cette leçon en commençant l'examen des revues périodiques passées par les généraux.

Les troupes sont passées en revue chaque année par des généraux de brigade et par des généraux de division.

Les premiers passent ordinairement par délégation les revues trimestrielles.

Les seconds passent les inspections générales.

Les revues trimestrielles ont lieu deux fois par an, au mois de janvier et au mois d'avril. Les revues d'octobre et de juillet sont supprimées par les inspections générales.

Les revues trimestrielles ont un double but :

1° De s'assurer que les ordres laissés par le dernier inspecteur général ont été exécutés ;

2° De débarrasser les corps des hommes et des chevaux impropres au service.

Examinons successivement les différentes parties d'une revue trimestrielle.

On présente d'abord au général les hommes et les chevaux portés pour la réforme.

Les hommes sont proposés par suite d'infirmités. Si les infirmités ont été contractées au service, le général leur accorde un congé de réforme n° 1, après toutefois les avoir fait contre-visiter par les médecins de l'hôpital ; et, s'il le juge convenable, il propose les hommes réformés de cette manière pour une gratification une fois payée.

Quand les infirmités sont antérieures à l'entrée au service, le général renvoie devant la commission départementale, afin d'obtenir un congé de réforme n° 2.

Quant aux chevaux, le général les examine, prononce et prévient l'intendant pour la vente des chevaux réformés.

On propose ensuite au général les changements de corps. Il prononce pour les régiments de même arme. Il transmet au général de division, qui, lui-même, envoie au ministre, pour les changements d'arme.

Puis on lui adresse les propositions d'admission à la retraite, à la non-activité ou à la réforme. Il les transmet également.

Le général constate l'effectif du corps au moyen d'une revue passée avec le sous-intendant.

Il examine les écoles régimentaires et il fait un rapport spécial sur cette partie du service.

Il voit les chevaux arrivés depuis la dernière inspection et il rend compte de son examen.

Il visite l'hôpital et y accorde des congés de convalescence.

Il signe, s'il y a lieu, un état supplémentaire d'avancement.

Enfin il fait un examen rapide de toutes les parties du service ; il constate la situation morale et matérielle du corps ; il s'assure que toutes les observations du dernier inspecteur général sont respectées.

Les résultats de la revue sont envoyés au ministre par la voie hiérarchique. Ils forment un dossier comprenant des pièces et états, dont les principaux sont :

L'état des hommes réformés ;

L'état des congés de convalescence ;

L'état des changements de corps ;

L'état des chevaux réformés ;

Le rapport sur les écoles ;

Le rapport sur l'observation des ordres de l'inspecteur général ; rapport divisé en deux parties, présentant : l'une les observations, l'autre la suite qui leur a été donnée.

Les modèles de ces divers états sont au *Journal militaire*, 2ᵉ semestre de 1838, page 213.

De plus, on joint au travail les mémoires des différentes propositions auxquelles l'opération a donné lieu.

Tel est l'ensemble d'une revue trimestrielle. Comme nous l'avons dit, ces revues sont ordinairement passées par les généraux de brigade, soit dans les subdivisions territoriales, soit dans les brigades actives. Ils sont délégués à cet effet par les généraux de division sous les ordres de qui ils se trouvent, quand toutefois ceux-ci ne les passent pas eux-mêmes.

Pendant une revue trimestrielle, l'aide de camp du général de brigade accompagne son chef et assiste à toutes les opérations de la revue.

Il prend note des observations et il transmet les ordres du général.

Au bureau, il vérifie toutes les pièces et il établit le dossier de chaque corps.

Nous verrons dans la prochaine leçon les inspections générales. Indiquons immédiatement le rôle qu'y jouent les généraux de brigade.

Avant l'inspection générale, le général de brigade

sous les ordres duquel se trouve le corps inspecté rassemble les pièces et registres prescrits par les instructions. Parmi les registres sont particulièrement le registre du personnel et le registre d'ordres. Le général les examine et fait, s'il y a lieu, ses observations.

Il les remet au général inspecteur au moment de son arrivée.

Pendant l'inspection, le général de brigade est à la disposition du général de division, qui peut le déléguer pour voir telle ou telle partie du service.

SIXIÉME LEÇON.

Service des aides de camp des généraux de division commandant des
    divisions territoriales.
Service des aides de camp des généraux de division commandant des
    divisions actives.
Des inspections générales.—Époque, objet et détails de ces opérations.

I.

La position d'aide de camp d'un général de division est une des cinq positions générales que nous avons indiquées. C'est-à-dire qu'il y a toujours un nombre assez considérable d'officiers d'état-major employés de cette manière.

Nous allons examiner le service de ces officiers, qui se présente sous trois points de vue :

1° Dans les divisions territoriales ;

2° Dans les divisions actives ;

3° Enfin au moment des inspections générales.

Le service des aides de camp des généraux de division commandant des divisions territoriales se divise en deux parties :

1° Le service actif,

2° Et le service de bureau.

Le service actif comprend :

1° Les revues, prises d'armes, manœuvres, marches militaires et toutes les opérations où le général paraît devant les troupes ;

2° Les missions particulières dans l'étendue de la division, auprès des généraux de brigade, des préfets, etc.;

3° Les cérémonies et les actes de représentation dans lesquels le général doit être accompagné;

4° La surveillance des gardes, des piquets d'escorte et des plantons, qui sont plus nombreux que dans une subdivision;

5° Les différents rapports qui ont lieu chez le général et auxquels il fait assister son aide de camp, dans les limites qu'il juge convenables. C'est une manière de lui faire connaître les affaires de la division, et cette connaissance lui est utile pour les missions qu'il peut avoir à remplir;

6° Enfin l'aide de camp reçoit toutes les personnes qui viennent voir le général autrement que pour affaires personnelles.

Ce sont là les parties principales du service actif.

Quant au service de bureau, l'aide de camp du général de division est chargé du *cabinet du général*.

Ce cabinet correspond à celui du ministre, quoique à un degré inférieur. C'est une espèce de bureau particulier, d'état-major intime.

Comme personnel, il comprend l'aide de camp du général et un sous-officier secrétaire. Ce dernier est particulièrement chargé des copies.

Les lettres sortant du cabinet portent comme en-tête :

Telle division militaire.

Cabinet du général de division.

Les affaires que l'on y traite sont les suivantes :

1° Les affaires confidentielles que le général veut se réserver personnellement et qu'il retire du courrier du jour, au moment où il le remet au chef d'état-major.

2° Vient ensuite la correspondance particulière ayant trait à des affaires de service, telles que les réclamations, les demandes d'appui, de protection, d'intérêt, etc., affaires qui tiennent au grade, à la position, au commandement du général et non pas à sa personne ;

3° La partie de la correspondance qui concerne la représentation, comme les invitations, la tenue de l'hôtel, le mobilier, etc. ;

4° L'étude de questions militaires qui peuvent intéresser le général ;

5° Quelquefois, enfin, la réception, l'ouverture et le classement des dépêches, quand le général de division juge convenable de réserver ces opérations pour son cabinet.

Comme registre, on tient ordinairement un registre de correspondance divisé en deux parties : l'une sur laquelle on copie les lettres adressées aux supérieurs ; l'autre pour les lettres adressées à des égaux et à des inférieurs.

Tel est à peu près l'ensemble du service des aides de camp des généraux de division commandant des divisions territoriales.

II.

Pour les aides de camp des généraux de division commandant des divisions actives, leur service actif comprend, comme le précédent, les revues, prises d'armes et manœuvres de la division ;

Les missions particulières et particulièrement les reconnaissances destinées à préparer les marches militaires ou les opérations de guerre ;

Les cérémonies publiques ;

La surveillance des gardes, piquets, plantons et ordonnances ;

Enfin les aides de camp des généraux commandant des divisions actives sont particulièrement employés à la transmission des ordres. Nous avons vu précédemment tout ce qui est relatif à cette partie du service.

Le service de bureau comprend toujours :

La partie confidentielle de la correspondance de service ;

La correspondance particulière du général ayant trait à son commandement ;

Enfin les affaires relatives à la représentation.

Les aides de camp du général forment toujours son cabinet particulier.

Les lettres qui émanent de ce cabinet ont les mêmes en-tête que ceux indiqués précédemment.

L'on s'y sert également d'un registre de correspondance divisé en deux parties.

Ajoutons, en terminant, que le service de l'aide de camp d'un général de division est le moins défini de tous. Il est ce que le général le fait ; important ou secondaire, laborieux ou inoccupé.

Et parmi les positions d'état-major, c'est celle qui comporte le moins de règles positives.

Mais s'il n'y a pas de règles pour le service de ces officiers, il y en a pour les inspections générales auxquelles ils sont appelés à prendre part. Nous allons les étudier.

III.

Comme nous l'avons vu précédemment, le ministre désigne, chaque année, un certain nombre d'officiers généraux de toutes armes qui doivent passer chacun l'inspection générale de plusieurs régiments.

L'ensemble des régiments que doit voir un même général forme son arrondissement d'inspection.

Des instructions ministérielles sont remises aux inspecteurs avec plusieurs cahiers ou réunions d'états imprimés qui constituent le livret d'inspection.

L'inspecteur général est le représentant du ministre auprès des corps. Il est chargé de contrôler tout ce qui a rapport à la tenue, à l'instruction, à la police, à la discipline intérieure du corps qu'il inspecte. Il arrête, de plus, les travaux de comptabilité et d'administration, tant sous le point de vue des finances que sous celui des matières. Enfin, il établit les propositions pour l'avancement.

Les travaux d'une inspection générale se divisent en trois parties :
1° Les opérations préparatoires;
2° Le travail des régiments ;
3° Le travail d'arrondissement.

Examinons d'abord les opérations préparatoires.

Certaines parties du livret d'inspection sont envoyées par le ministre directement aux corps. Ceux-ci remplissent à l'avance tous les *États, situations*, etc..., qu'il est possible de remplir.

En même temps, le général de brigade commandant la subdivision ou la brigade dans laquelle se trouve le corps inspecté, rassemble, comme nous l'avons dit, les registres et les pièces diverses qui doivent être remis à l'inspecteur au moment de son arrivée.

Un officier d'artillerie, accompagné d'un contrôleur d'armes, précède d'un mois ou deux le général inspecteur. Il examine toutes les armes du régiment. Il constate le nombre des armes en bon état, à réparer ou à changer, en faisant la distinction des armes en service et des armes en magasin. En même temps, il doit donner son avis sur la manière dont les armes sont entretenues. Il établit sur ces différents sujets un rapport qu'il adresse à l'inspecteur général. Celui-ci en prend connaissance et l'ajoute à son livret d'inspection en l'envoyant au ministre.

Puis, dernière opération préparatoire, l'intendant inspecteur administratif arrête provisoirement tous les détails de comptabilité et d'administration intérieure. Ces comptes sont ensuite mis sous les yeux du général inspecteur. L'intendant lui adresse un rapport particulier sur l'administration du corps, ainsi que des notes sur les officiers proposés pour des emplois de comptables ou pour l'intendance.

Le rapport de l'intendant est joint au livret d'inspection et envoyé au ministre.

Ce sont là les opérations préliminaires qui facilitent une inspection générale et qui la précèdent d'un temps plus ou moins long, un mois ou deux par exemple.

Nous y joindrons les avis donnés par l'inspecteur, au ministre, aux maréchaux et aux divisions intéressées, de l'itinéraire qu'il compte suivre.

Examinons maintenant le travail de régiment.

L'inspecteur général arrive dans la garnison d'un régiment dont il doit passer l'inspection.

Il reçoit, à son arrivée, les honneurs et visites qui lui sont dus.

Il commence ensuite son inspection générale qui se divise en sept sections, savoir :

1° La revue d'ensemble ;

2° L'examen des catégories ;

3° La revue de détail ;

4° L'examen de l'instruction ;

5° L'examen de l'administration ;

6° La visite des établissements militaires ;

7° Les travaux de clôture et la revue d'honneur.

Étudions successivement chacune de ces opérations.

Pour la *revue d'ensemble*, le général écrit au colonel afin de lui en indiquer l'heure et le lieu. Il prévient le sous-intendant militaire, chargé de l'administration du corps, qui doit l'accompagner.

Sur le terrain, le général passe dans les rangs, examine la tenue, l'habillement, l'armement, etc.....

L'aide de camp prend note des observations qui sont faites sur ces divers objets, de manière à pouvoir les mettre plus tard sur le livret d'inspection.

Le général fait rompre ensuite à droite les compagnies ou les escadrons. Il procède à l'appel pour constater l'effectif. Il appelle lui-même les officiers. Il fait faire l'appel des sous-officiers et de la troupe par le sergent-major ou le maréchal des logis chef.

Il passe ensuite à la 2ᵉ section, *l'examen des catégories*. Il les voit ordinairement sur le terrain, à la suite de la revue d'ensemble, sauf quelques-unes qu'il ne peut voir qu'à l'hôpital. On les lui prépare en colonne les unes derrière les autres pendant qu'il fait l'appel des dernières compagnies.

Ces catégories sont les suivantes :

1° Les sous-officiers, caporaux et soldats proposés pour la réforme ;

2° Les hommes proposés pour des congés de convalescence ;

3° Les militaires réformés proposés pour une gratification ;

4° Les recrues, comprenant : les jeunes soldats, les engagés volontaires, les réengagés, les hommes venus d'autres corps, les hommes venus des pénitenciers, etc... ;

5° Les hommes rentrant de congé ;

6° Ceux ayant droit à leur libération ;

7° Ceux qui demandent à se rengager ;

8° Ceux qui sont proposés pour les vétérans ;

9° Ceux qui sont proposés pour la gendarmerie ;

10° Ceux qui sont proposés pour changer de corps ;

11° Les sous-officiers et caporaux nommés depuis la dernière inspection ;

12° Les sous-officiers suspendus ou cassés depuis la même époque ;

13° Les hommes proposés pour les compagnies de discipline ;

14° Les musiciens, les enfants de troupe, les vivandières, les blanchisseuses ;

15° Les officiers proposés pour la retraite ;

16° Les sous-officiers, caporaux et soldats également proposés pour la retraite ;

17° Les militaires proposés pour les Invalides ;

18° Les officiers proposés pour la réforme à cause d'infirmités incurables ;

19° Les officiers proposés pour la non-activité, à cause d'infirmités temporaires ;

20° Les officiers proposés pour la réforme par mesure de discipline ;

21° Les officiers proposés pour la non-activité par retrait d'emploi.

Le général, en passant la revue de ces catégories, examine les individus qui lui sont présentés pour voir s'ils remplissent les conditions prescrites par les règlements.

Plus tard, au bureau, l'aide de camp vérifie les pièces qui sont mises à l'appui de chaque proposition.

L'indication de ces pièces se trouve au *Journal militaire* et en tête de chacun des mémoires du livret d'inspection.

A la suite de la revue des catégories, il y a lieu de remplir immédiatement ou de faire remplir chez le trésorier les divers états imprimés du livret d'inspection qui correspondent à cette revue.

La *revue de détail*, qui vient ensuite, a lieu ordinairement au quartier. Les hommes sont dans leurs chambres et dans diverses tenues. Cette revue comprend l'examen des livrets, des livres de détail des compagnies, des masses, des effets d'habillement, de grand et de petit équipement, de l'armement, de la tenue des chambres, des ordinaires, de la gestion du vaguemestre, des prisons, des cachots, des écoles régimentaires, des salles d'armes, salles de danse, gymnase, terrain de manœuvres, enfin, de l'ensemble du casernement.

Dans la cavalerie, c'est à cette section que se rapporte l'examen des chevaux et tout ce qui s'y rattache. Pendant l'opération, l'aide de camp du général prend des notes, transmet des ordres et est employé à la vérification des registres ou des livrets.

Le général passe à la 4ᵉ section et procède à l'*examen de l'instruction* théorique et pratique du régiment.

Pour l'instruction théorique, il réunit les officiers par grade; il les interroge ou il les fait interroger devant lui.

Il fait de même interroger les sous-officiers et les caporaux.

Il visite les écoles et les fait fonctionner devant lui.

Pour l'instruction pratique, l'inspecteur prescrit des manœuvres dont il règle l'ordre et la nature. Il distribue des prix aux meilleurs instructeurs.

Il fait tirer à la cible et il distribue encore des prix aux tireurs les plus adroits.

Quelquefois, il fait exécuter devant lui certaines parties du service en campagne.

L'examen de l'instruction a ses résultats consignés dans les notes des officiers ; dans l'inscription des sous-officiers et caporaux sur le tableau d'avancement ; dans les notes adressées au ministre sur l'instruction générale des corps de l'arrondissement ; enfin dans l'ordre laissé au corps par l'inspecteur. L'aide de camp prend des notes en vue de ces divers objets.

La cinquième section comprend l'*examen de l'administration*.

L'inspecteur visite les magasins, les ateliers et les archives du corps ; il examine les matières premières ; il compare les effets confectionnés aux modèles envoyés par le ministre. S'il est satisfait de la tenue des magasins, il accorde une gratification au sous-officier qui en est chargé.

L'inspecteur réunit ensuite le conseil d'administration, vérifie les registres, la caisse et clôt la compabilité de l'exercice.

L'opération, comme nous l'avons vu, a été préparée par l'intendant qui est spécialement chargé d'approfondir cet examen.

Le général procède ensuite à la *visite des bâtiments militaires*.

Pour chaque place ou pour chaque lieu de garnison, ces bâtiments sont les suivants :

L'hôpital,
La prison,
La manutention,
Les magasins de fourrage et de chauffage,
Enfin les magasins de la place.

L'inspecteur se fait accompagner, dans cette visite, par le sous-intendant et par l'officier du génie de la place.

Il s'assure de la bonne tenue des établissements. Il se fait présenter les registres d'observations des officiers de visite. — Il examine les plaintes qui ont eu lieu. — Il prescrit les réparations urgentes du casernement.

Enfin, le général passe à la septième section, c'est-à-dire *aux travaux de clôture et à la revue d'honneur.*

Les travaux de clôture comprennent :

1° Les réclamations. — Le général reçoit tous les militaires qui veulent lui parler. Il n'admet, bien entendu, que les réclamations individuelles. Ordinairement il fait venir tous les officiers successivement, qu'ils aient ou non à réclamer. C'est un moyen de les mieux apprécier, et, en même temps, de connaître la situation morale du corps d'officiers ;

2° Les permutations. — Le général s'informe des motifs avant d'y donner suite ;

3° Les démissions. — Le général s'informe également des motifs. Il s'assure que la demande est faite suivant les formes prescrites ;

4° Les notes des officiers. — Elles résultent de l'examen que le général vient d'en faire. Elles doivent être écrites entièrement de sa main. Parmi ces notes, il y en a qui intéressent les officiers d'état-major détachés dans les régiments. Ces notes sont portées sur le rapport particulier établi pour chacun de ces officiers ;

5° L'inspecteur arrête ensuite le tableau d'avancement pour les sous-officiers et caporaux. Ce tableau, établi par le colonel et approuvé par l'inspecteur, sert à faire les nominations de l'année.

6° Vient ensuite l'avancement des officiers. Le ministre règle, chaque année, le nombre des officiers de chaque grade qui doivent être proposés pour le grade supérieur.

Le colonel propose au général un nombre de candidats plus considérable que le nombre définitif, par exemple, un nombre double ou triple. Le général choisit parmi les candidats du chef de corps.

Pour les grades subalternes, le travail a lieu par régiment. Pour les grades supérieurs, le travail a lieu par arrondissement.

Quand le général a arrêté son choix, c'est ordinairement son aide de camp qui remplit les tableaux d'inspection, qui classe les mémoires de proposition avec les pièces à l'appui, qui s'assure enfin que toutes les conditions réglementaires sont bien remplies.

Il met de côté et il classe avec soin toutes les propositions relatives au travail d'arrondissement.

7° Ensuite viennent les propositions pour les fonctions spéciales qui forment une catégorie à part.

Ces fonctions sont celles :

D'adjudant-major,
De trésorier,
De capitaine d'habillement,
D'adjoint au trésorier,
Et de porte-drapeau.

8° Puis il y a encore d'autres propositions spéciales, savoir :

    Pour la garde impériale ;
    Pour l'admission aux Écoles militaires ;
    Pour le concours à l'École d'état-major ;
    Pour l'intendance ;
    Pour l'École de cavalerie ;
    Pour les vétérans ;
    Pour la gendarmerie ;
    Pour les dépôts de recrutement ;
    Pour le service des places ;
    Pour le service des remontes ;
    Etc., etc....

9° Enfin, viennent les propositions pour l'admission ou l'avancement dans l'ordre de la Légion d'honneur. Le nombre de ces propositions est réglé d'avance par le ministre et proportionné au nombre des candidats.

Toutes ces propositions, quand elles ont été arrêtées par le général, comportent leur inscription sur le livret d'inspection, avec des mémoires de proposition à l'appui.

Tels sont les travaux de clôture d'une inspection générale et pour la terminer entièrement, le général fait rassembler le régiment pour la revue d'honneur.

La revue d'honneur a lieu en grande tenue. L'inspecteur fait manœuvrer une dernière fois et défiler devant lui. Il autorise la distribution d'une ration de vin, et il laisse au corps un ordre du jour, dans lequel, passant successivement en revue les différentes parties du service, il consigne ses observations sur chacune d'elles.

L'inspection générale du régiment est alors terminée.

Le résultat du travail, comprenant trois livrets, avec les lettres, rapports et propositions particulières que le général juge convenable d'y joindre est envoyé au ministre par l'intermédiaire du maréchal commandant supérieur.

L'établissement de ces livrets, comme nous l'avons dit précédemment, est fait, en partie, par le général lui-même, en partie par son aide de camp, enfin, en partie dans les bureaux du trésorier.

Voilà le travail d'inspection générale d'un régiment.

On voit ainsi, successivement, tous les régiments de l'arrondissement.

Puis, quand cette tournée est finie, on procède au travail d'arrondissement.

Le travail d'arrondissement forme la troisième partie d'une inspection générale.

Ce travail comprend d'abord :

1° Les propositions pour l'avancement aux grades de chef de bataillon, de lieutenant-colonel et de colonel.

2° Les propositions pour officiers et commandeurs de la Légion d'honneur.

Ces deux espèces de propositions portent sur l'ensemble des corps de l'arrondissement.

De plus, le général inspecteur désigne au ministre celui des colonels de son arrondissement qui lui paraît le plus propre à devenir général de brigade.

Après les propositions, le travail d'arrondissement comporte des rapports généraux sur les diverses parties du service : habillement, armement, discipline, instruction, etc..., en les considérant au point de vue de l'ensemble des corps de l'arrondissement.

Les éléments de ces divers travaux, propositions et rapports, sont, comme nous l'avons vu, rassemblés au fur et à mesure que l'on voit les régiments.

Tel est l'ensemble d'une inspection générale.

Depuis la création des arrondissements, chaque maréchal réunit les inspecteurs généraux de son arrondissement et dresse avec eux les listes préparatoires des candidats aux grades supérieurs. Enfin, les maréchaux, réunis à Paris en comité, statuent en dernier ressort sur les diverses propositions.

SEPTIÈME LEÇON.

I.

Nous pouvons considérer comme une position générale, celle *d'attaché au Dépôt de la guerre*, en raison du grand nombre d'officiers d'état-major qui, en temps ordinaire, sont employés de cette manière.

Avant de parler du service de ces officiers, nous allons jeter un coup d'œil sur l'historique et sur l'organisation du Dépôt.

Sous l'ancienne monarchie, du moins avant Louis XIV, chaque ministre avait ses bureaux chez lui, de sorte qu'à sa retraite ou à sa mort ses papiers s'égaraient ou restaient ignorés sans qu'on songeât à les réunir.

Sully cependant, sous Henri IV, recueille toutes les pièces qui lui ont servi à régulariser le service de son ministère.

Cet exemple est suivi, en 1688, par le marquis de Louvois, qui organise dans son hôtel un premier Dépôt de la guerre, en faisant réunir et classer toute sa correspondance avec le roi, avec les généraux, avec les intendants de provinces ou d'armées.

Après la mort de Louvois en 1691, le Dépôt est transporté à Versailles, mais il est relégué dans les greniers du château et il perd l'importance que lui avait donnée le grand ministre.

Sous Louis XV, le Dépôt de la guerre est placé aux Invalides.

Indépendamment de la correspondance ministérielle, il reçoit encore les plans de campagne, les dessins, cartes et mémoires relatifs aux opérations. Il reçoit aussi les travaux des ingénieurs géographes et parmi ceux de cette époque, on en trouve de très-remarquables exécutés sur la guerre de Sept ans.

En 1754, le maréchal de Maillebois est le premier directeur du Dépôt de la guerre. Et cette nomination est un signe évident de l'importance que prend cet établissement.

En 1758, le maréchal de Belle-Isle fait construire à Versailles un hôtel de la guerre. Il y place le Dépôt qui vient s'y installer aussitôt après l'achèvement des travaux.

En 1760, le maréchal de Belle-Isle place à la tête du Dépôt le général de Vault qui entreprend la rédaction des campagnes d'après les pièces originales.

M. de Vault commence son travail à la guerre de 1671 et il le continue pendant une période de 30 ans. La partie la plus intéressante de cette œuvre qui comprend 125 volumes, est celle qui est relative à la guerre de la succession d'Espagne.

M. de Vault s'occupe en même temps du classement *des anciennes archives*, commençant à l'année 1677, se terminant en 1763 et formant 1250 volumes.

En 1790, M. de Vault a pour successeur comme directeur du Dépôt de la guerre le général Mathieu Dumas alors aide-maréchal des logis et qui joua plus tard un rôle assez considérable dans les états-majors de l'Empire.

En 1791, au commencement de la Révolution, le Dépôt change encore une fois de place et de Versailles revient à Paris, comme tout ce qui appartenait au Gouvernement. Malgré les mauvaises conditions au milieu desquelles s'effectue ce transport, on conserve cependant la plus grande partie des archives.

Le Dépôt contenait alors :

La correspondance des généraux et des ministres pendant les diverses guerres depuis 1688 ;

Les détails des mouvements des armées ;

Les reconnaissances des pays où avaient eu lieu les opérations, avec des mémoires descriptifs à l'appui ;

Le précis historique des campagnes de la fin du 17° siècle et de celles du 18° ;

La collection des cartes frontières ;

La collection des principales cartes de toutes les parties de l'Europe ;

Les dessins à la main des camps, batailles et mouvements d'armées ;

Enfin, la collection des plans et mémoires composés par les officiers d'état-major.

Telles sont encore aujourd'hui, comme nous le verrons plus tard, les richesses du Dépôt.

A la même époque, toujours sous Louis XVI, l'ordonnance du 2 avril 1792 trace ainsi les fonctions habituelles du directeur du Dépôt de la guerre.

1° Il doit analyser les mémoires militaires, ainsi que les plans, cartes et reconnaissances existant au Dépôt de la guerre sur chaque partie des côtes ou frontières ;

2° Il doit indiquer les pièces qu'il conviendrait de refaire ou de vérifier, ainsi que les parties qui restent à exécuter sur les différentes frontières ;

3° Il est chargé de calculer sous les relations militaires, les avantages et les inconvénients de tous les changements de limites à accorder ou à proposer aux puissances étrangères en les combinant avec le comité des fortifications ;

4° Il doit développer les vues militaires sur l'ouverture des routes, la direction des canaux, l'emplacement des ponts pour les rendre utiles ou les empêcher d'être nuisibles aux dispositions de défense dont le pays est susceptible ;

5° Il doit encore classer toutes les pièces dans l'ordre le plus propre à l'instruction militaire ;

6° Enfin, il doit fournir au ministre tous les renseignements militaires dont il peut avoir besoin.

En 1793, au milieu de l'anarchie universelle, le Dépôt fut presque abandonné. Cependant, dans le courant de la même année, les opérations militaires devenant chaque jour plus importantes, Carnot recréa pour ainsi dire le Dépôt, en formant un cabinet topographique particulier qui fournit aux armées les documents qui leur étaient nécessaires.

En 1795, sous le Directoire, nous voyons à la tête du Dépôt de la guerre le général Dupont ;

En 1797, le général Ernouf, ancien chef d'état-major de Jourdan à l'armée de Sambre-et-Meuse ;

En 1799, le général Meunier ;

Sous le Consulat, en 1800, le général Clarke, qui fut plus tard duc de Feltre et ministre de la guerre ;

En 1801, le général Andréossy ;

En 1803, le général Samson, qui y reste jusqu'en 1812.

Le colonel Muriel lui succède, et enfin nous y trouvons le général Bacler d'Albe, qui achève la période impériale.

Pendant cette période, le Dépôt s'occupa particulièrement de fournir à l'Empereur et aux diverses armées actives les plans et cartes qui pouvaient leur être utiles.

De plus, l'Empereur avait auprès de lui un cabinet topographique particulier à la tête duquel était le général Bacler d'Albe, qui y resta jusqu'à son entrée au Dépôt de la guerre.

Le classement des documents et archives, qui avait été interrompu une première fois par la Révolution, le fut de nouveau sous l'Empire, après avoir été repris un instant sous le Consulat.

Ce travail, qui est terminé aujourd'hui, n'a été sérieusement recommencé qu'en 1830.

Nous arrivons maintenant aux différentes organisations modernes du Dépôt.

En 1815, au moment de la Restauration, nous voyons comme directeur du Dépôt le marquis de Larochefoucauld.

Le général d'Ecquevilly lui succède.

En 1817, la direction du Dépôt est supprimée et rattachée à celle de l'artillerie et du génie au ministère de la guerre.

En 1822, la direction est rétablie et confiée au général Guilleminot.

Une ordonnance du 31 janvier 1822 fixe ainsi l'organisation du Dépôt :

Il y a trois sections :

1° La section historique, qui est chargée de la recherche et de la classification des matériaux historiques, de la rédaction des opérations militaires, de la traduction des ouvrages étrangers, de l'analyse des ouvrages français, des extraits des productions les plus intéressantes ;

2° La 2° section, qui est chargée des opérations géodésiques et topographiques, de la gravure et des mémoires descriptifs ;

3° La 3° section, qui est chargée de l'administration, de la comptabilité et de la conservation des collections.

Le 24 mars 1826, on crée une nouvelle section, celle de statistique, comprenant la statistique intérieure et la statistique étrangère.

En 1830, le général **Pelet** fut placé à la tête du Dépôt. Il lui donna une nouvelle organisation et créa cinq sections, savoir :

Celle de géodésie, comprenant la carte de France et la centralisation ;

Celle des travaux intérieurs, du dessin et de la gravure ;

Celle de l'historique et des archives ;

Celle de statistique et des travaux annuels ;

Enfin la section de l'administration.

Cette organisation subsista jusqu'en 1845. A cette époque, le Dépôt, qui jusque-là s'administrait séparément, rentra dans l'administration centrale de la guerre et perdit par suite sa 5° section.

Enfin, en 1856, le décret du 19 septembre a apporté une nouvelle et dernière modification dans l'organisation du Dépôt.

Il n'y a plus maintenant que deux sections.

La première comprend tous les travaux relatifs à la géodésie, à la topographie, au dessin et à la gravure de la carte de France. Elle est chargée en même temps de la rédaction de la partie scientifique du mémorial de la guerre ; enfin elle comprend l'administration, la comptabilité et les cartes de fond du Dépôt.

La 2ᵉ section comprend les travaux historiques et statistiques ; la rédaction des opérations militaires depuis 1792 ; la partie historique du mémorial ; l'histoire des régiments depuis leur création ; enfin la bibliothèque et les archives.

Chaque section comprend deux subdivisions.

Les chefs de section sont choisis parmi les colonels ou lieutenants-colonels du corps d'état-major en activité de service. Ils dirigent spécialement la première subdivision de leur section.

Un officier supérieur d'état-major en retraite peut être placé sous leurs ordres à la tête de la 2ᵉ subdivision.

Un certain nombre de chefs d'escadron ou de capitaines en activité sont employés dans l'une et dans l'autre section à des travaux géodésiques, topographiques, historiques ou statistiques.

Tel est l'historique du Dépôt de la guerre et l'ensemble de son organisation actuelle.

Quant à son matériel, il présente le tableau suivant :

1° Il y a des archives historiques, commençant à la fin du règne de Louis XIII et se continuant sans interruption jusqu'à la guerre d'Italie. Ces archives comprennent des lettres écrites par les souverains, par les ministres, par les généraux, par les intendants d'armées et de provinces, par les ambassadeurs, etc.

Elles ont été divisées en cinq séries :

La première série commence à la fin du règne de Louis XIII et va jusqu'à la Révolution de 1789.

La deuxième comprend la période républicaine de 1789 à 1802.

La troisième correspond à l'Empire, de 1803 à 1815.

La quatrième correspond à la Restauration, de 1815 à 1830.

Et enfin la cinquième va de 1830 à l'époque actuelle.

Ces archives se composent de 800,000 pièces et de 5,000 registres ou volumes.

Il y a, ensuite, des Mémoires historiques manuscrits au nombre de 1000 environ;

Des documents de statistique au nombre d'à peu près 15,000 ;

Des cartes et des plans, formant environ 130,000 feuilles.

La bibliothèque comprend 25,000 volumes classés en 12 subdivisions.

Enfin, il faut ajouter à ce catalogue un grand nombre de planches de cuivre gravées, de pierres lithographiques, d'instruments de géodésie et de topographie.

Connaissant maintenant ce qu'est le Dépôt de la guerre et son historique, nous allons voir le service des officiers qui y sont attachés.

Les officiers attachés au Dépôt peuvent être employés à l'une ou l'autre des 2 sections qui ont été indiquées précédemment.

Ceux qui sont attachés à la première section s'occupent de travaux géodésiques et topographiques.

Les autres s'occupent de travaux historiques et statistiques.

Ce sont les premiers qui ont fait et qui font encore en ce moment la carte de France.

Pour la géodésie, les officiers qui y étaient employés passaient six ou huit mois sur le terrain à faire des observations, et six ou quatre mois à Paris à faire le calcul de leurs points trigonométriques.

Pour la topographie, les officiers qui y sont employés passent 6 ou 8 mois sur le terrain pour les levées et 6 ou 4 mois à Paris pour la mise au net de leurs travaux.

La carte de France a été commencée en 1818.

On a fait d'abord une triangulation de premier ordre, en s'appuyant sur une base qui avait été mesurée près de Melun par l'astronome Delambre.

Le premier réseau de triangles, partant des environs de Melun, s'est étendu de Brest à Strasbourg.

Puis on a tracé d'autres réseaux perpendiculaires, suivant les méridiennes de Strasbourg, de Mézières et de Bayeux ; ensuite on en a tracé suivant les parallèles d'Amiens, de Bourges, de Clermont, de Rodez et des Pyrénées.

Enfin on a rempli les espaces laissés vides entre ces grandes chaînes de triangles.

Telle a été la marche de la triangulation de premier ordre. Les triangles employés avaient 40 kil. de côté en moyenne.

La triangulation de deuxième ordre, dont les côtés avaient de 15 à 20 kil., a fourni ensuite les points de départ de la topographie.

Celle-ci a eu lieu successivement au $\frac{1}{10.000}$, au $\frac{1}{40.000}$ et enfin au $\frac{1}{80.000}$.

Le travail d'un officier est de 26 à 30 lieues carrées

à peu près : 26 lieues dans la montagne, 30 lieues dans la plaine.

La géodésie de premier ordre, commencée en 1818, a été terminée en 1845.

La géodésie de deuxième ordre, commencée aussi en 1818, a été terminée en 1854.

La topographie, commencée toujours à la même époque, 1818, continue encore en ce moment.

La carte de France, en 1852, devait comprendre 257 feuilles. Il en restait 15 à lever. Il y en avait 176 publiées. Les autres étaient à la gravure.

On pensait que la carte pouvait être achevée en 1868, ayant demandé pour son exécution une période de 50 ans.

Mais l'annexion de Nice et de la Savoie, en agrandissant le territoire de la France, est venue augmenter le travail de la carte et reculer le terme de son exécution.

Quoi qu'il en soit, nous connaissons maintenant d'une manière sommaire le service des officiers attachés à la 1ʳᵉ section du Dépôt.

Quant à ceux attachés à la 2ᵉ section, ils s'occupent de travaux historiques et statistiques. — Ils fournissent au ministre les renseignements dont il a besoin ; ils rédigent des mémoires militaires d'après les documents officiels ; ils traduisent les ouvrages étrangers qui présentent de l'importance ; ils ont publié en 1860 l'atlas de la guerre de Crimée ; ils en publieront probablement un second pour la guerre d'Italie.

II.

Nous avons terminé l'examen des cinq positions générales que peuvent occuper les officiers d'état-

major. Nous allons jeter un coup d'œil sur leurs positions particulières, c'est-à-dire sur les positions qu'occupe seulement un petit nombre d'entre eux.

Ces positions sont les suivantes :

1° Celles qu'offrent les maisons militaires de l'Empereur et des princes ;

2° Celles qu'offre le ministère de la guerre ;

3° Celles de l'école d'état-major ;

4° Celles de la place de Paris ;

5° Celles qu'offrent les ambassades ;

6° Enfin quelques positions accidentelles dont nous
parlerons pour mémoire.

Passons rapidement en revue ces diverses positions
ou ces différents emplois.

Le souverain de l'État et les princes de sa famille
ont toujours auprès d'eux un certain nombre d'officiers d'état-major qui remplissent les fonctions d'aides
de camp ou d'officiers d'ordonnance. C'est ce que l'on
voit en ce moment dans tous les États de l'Europe.

Au ministère de la guerre, on trouve un certain
nombre d'officiers d'état-major.

Les uns sont attachés à l'état-major particulier du
ministre, comme ses aides de camp ou ses officiers
d'ordonnance.

D'autres sont attachés à son cabinet, chargés d'ou-
vrir et de classer les dépêches, de traiter les affaires
secrètes et confidentielles, de recevoir les personnes
qui viennent parler au ministre d'affaires de service.
Quelques-uns sont à la direction du personnel. D'autres enfin sont employés au ministère, comme secrétaires des comités de l'infanterie, de la cavalerie, de
l'état-major et de la gendarmerie.

Les comités de l'artillerie et du génie ont pour secrétaires des officiers de ces deux armes.

Après le ministère de la guerre, vient l'école d'état-major.

Cette école, comme nous l'avons dit précédemment, a pour objet d'assurer le recrutement du corps d'état-major. C'est par des écoles analogues que se recrutent toutes les armes spéciales et tous les services spéciaux : ainsi l'artillerie, le génie, les mines, les ponts et chaussées, etc.... Il en est de même encore chez toutes les puissances étrangères. La Prusse a son *école de la guerre*; l'Autriche son *académie militaire*; la Russie son *académie d'état-major de l'empereur Nicolas*.

Chacune d'elles a compris la nécessité de recruter son état-major dans une école spéciale assurant l'uniformité de l'instruction et conservant les traditions; chacune d'elles a compris en même temps l'impossibilité de recruter l'état-major dans les régiments où les officiers ne peuvent acquérir toutes les connaissances nécessaires, n'ayant la plupart du temps ni professeurs, ni livres, ni instruments, ni ressources d'aucune espèce.

L'école d'état-major a été établie à Paris, comme les écoles étrangères ont été établies dans les capitales; les élèves profitent ainsi du voisinage du Dépôt de la guerre, des arsenaux, des manutentions, des hôpitaux, des gares de chemins de fer, du conservatoire des arts et métiers, enfin de tous les grands établissements qui présentent des ressources pour l'instruction et où ils vont faire des travaux d'application.

Les officiers attachés à l'école sont employés, les uns à l'instruction, les autres au service intérieur.

Ce n'est pas ici le lieu de parler des détails de l'un ou de l'autre service, tous deux ayant lieu chaque jour sous les yeux des élèves.

Après l'école d'état-major, nous trouvons la place de Paris.

L'état-major de la place de Paris se compose de :

1 colonel;

2 chefs d'escadron,

et un certain nombre de capitaines d'état-major, indépendamment des officiers de l'état-major des places qui y ont été appelés récemment.

Le service de ces officiers est un service de place. On y emploie des officiers d'état-major, en raison de son importance et parce qu'une partie de ce service se fait à cheval.

Les officiers d'état-major peuvent encore être employés dans les ambassades.

L'art. 7 de l'ordonnance du 23 février 1833 dit que chaque année un certain nombre de capitaines d'état-major, ayant fini leur stage, seront employés dans les ambassades ou seront mis à la disposition du ministre des affaires étrangères pour des missions diplomatiques.

Cet article, longtemps oublié, a été appliqué récemment.

Un officier d'état-major employé de cette manière doit étudier le système militaire de la puissance chez laquelle il se trouve, la composition de ses armées, leur organisation, leurs méthodes de recrutement et d'avancement, leur habillement, leur équipement, leur armement, en un mot tous les détails des institutions militaires.

Dans une telle position, la connaissance de la langue du pays peut évidemment rendre de grands services.

Il faut joindre aux différentes positions que nous venons d'énumérer celles que peuvent occuper les officiers d'état-major auprès des conseils de guerre ou des commissions militaires; ils peuvent remplir les fonctions de commissaires du Gouvernement ou de rapporteurs.

Il faut y joindre encore les positions particulières à l'Afrique, comme celles de commandant de cercle, d'employé dans les bureaux arabes, d'employé au cantonnement des Arabes, à des délimitations de frontières, etc.

Nous terminons ainsi l'étude abrégée des diverses positions d'état-major. Ajoutons-y quelques considérations générales qui semblent pouvoir s'en déduire naturellement.

Les emplois des officiers d'état-major, soit dans les états-majors du commandement territorial, soit dans les états-majors de divisions actives à l'intérieur ou en campagne, soit comme aides de camp des généraux de brigade ou de division, soit au Dépôt de la guerre, soit enfin dans les positions particulières que nous venons d'énumérer, ces emplois présentent tous, ainsi que nous l'avons remarqué, un double caractère et comportent deux espèces de service : le service actif et le service de bureau; de sorte que l'on peut dire que l'officier d'état-major se présente sous deux points de vue, qu'il doit remplir deux objets différents, qu'il doit être à la fois homme d'étude et homme d'action, officier de cabinet et officier de guerre, enfin qu'il doit savoir manier en même temps la plume et l'épée.

Par suite, l'officier d'état-major doit posséder deux espèces de qualités.

Le service de bureau ou le travail de cabinet demande :

De l'intelligence et de l'exactitude ;

De l'ordre et de la méthode dans le travail ;

Une rédaction claire et facile ;

La connaissance des règlements et l'habitude de la législation militaire ;

Enfin une grande discrétion.

Le service actif demande :

Une vigoureuse santé ;

Du zèle et de l'activité ;

De la hardiesse à cheval et l'habitude de l'équitation ;

La connaissance du service et des manœuvres des différentes armes ;

Un coup d'œil exercé, pour bien juger et bien apprécier le terrain ;

Enfin, il faut à l'officier d'état-major, comme à tous les militaires, la bravoure et le goût du métier.

Nous dirons encore que, plus que tous les officiers de l'armée, l'officier d'état-major a des relations du monde. Elles sont presque une conséquence de sa position, puisque, comme nous l'avons vu précédemment, il prend souvent part aux actes de représentation des officiers généraux, aux fêtes, cérémonies publiques, réceptions officielles, etc.

L'officier d'état-major doit s'y présenter avec le

tact, la convenance, la discrétion de paroles, d'actes, de relations, qui dénotent une bonne éducation.

Enfin, il a souvent affaire à des inférieurs. Il est souvent leur intermédiaire auprès de ses chefs pour des réclamations, des sollicitations, des demandes de toute espèce ; il leur montrera alors cette bienveillance qui fait aimer le commandement et que se doivent mutuellement tous les membres d'une même armée.

Telles sont les conditions générales imposées aux officiers d'état-major par les devoirs qu'ils ont à remplir.

Nous n'entrerons pas dans le détail des connaissances multipliées qui leur sont nécessaires. Ces connaissances sont comprises dans l'instruction de l'école. Et chaque Cours trouve son application dans la carrière que l'on doit parcourir.

HUITIÈME LEÇON

I.

Toutes les puissances de l'Europe ont aujourd'hui des états-majors, et, comme nous l'avons dit précédemment, c'est la meilleure preuve que l'on puisse donner de leur utilité.

Afin de compléter nos études sur ce sujet, c'est-à-dire sur *l'organisation et le service des états-majors*, nous allons parler des états-majors prussien, autrichien et russe, autant du moins que nous le permettront les documents incomplets que nous avons pu nous procurer.

Cette dernière leçon correspond à la première partie du Cours de première année, dans laquelle nous avons parlé du système militaire des grandes puissances européennes et entre autres de la Prusse, de l'Autriche et de la Russie.

Commençons par *l'état-major prussien*.

Il a été créé par Frédéric le Grand, qui prit, dit-il dans ses Mémoires, douze officiers auxquels il fit lever des terrains, marquer des camps, fortifier des villages, retrancher des hauteurs, élever des palanques, découvrir des gués, sonder des rivières, tracer des directions de colonnes de marche, etc., faire enfin le service que font encore aujourd'hui les officiers d'état-major.

La première école d'état-major prussienne créée par Frédéric fut dirigée par le général Jarry, le même qui organisa plus tard l'école d'état-major des Anglais.

En 1846, l'organisation de l'armée prussienne fut établie sur de nouvelles bases. C'est de cette époque que date l'état-major actuel.

Il comprend :

1 général lieutenant ;
3 généraux majors ;
5 colonels ;
3 lieutenants-colonels ;
21 majors ;
22 capitaines ;
10 lieutenants ;

formant un total de 65 officiers.

De plus, indépendamment de ces officiers titulaires, il y a un grand nombre d'adjoints, et parmi eux une soixantaine d'officiers tirés des régiments et formant ce que l'on appelle la section topographique.

Telle est l'organisation.

Sous le rapport du service, le corps d'état-major prussien se divise en deux parties :

1° Le grand état-major ;
2° Et les états-majors de corps d'armée.

Le grand état-major, établi à Berlin, peut être comparé à notre Dépôt de la guerre.

Il est chargé :

De l'étude des théâtres présumés de la guerre ;

De recherches statistiques sur les forces militaires des puissances étrangères ;

De travaux géodésiques qui appartiennent à un bureau spécial que l'on appelle bureau trigonométrique ;

De travaux topographiques ;

Enfin des travaux de lithographie et de gravure pour la carte du royaume et pour les autres cartes nécessaires aux armées.

Les travaux topographiques sont dirigés par un colonel d'état-major qui a sous ses ordres les officiers détachés des régiments dont nous avons parlé plus haut. Ces officiers forment ce que l'on appelle le bureau topographique.

Les cartes et plans ont de plus un conservateur particulier.

C'est là l'organisation du grand état-major.

Ensuite viennent les états-majors de corps d'armée, qui forment la seconde branche du corps d'état-major.

Il n'y a pas en Prusse, comme en France, un état-major attaché à chaque division d'infanterie ou de cavalerie.

Il n'y a que des états-majors de corps d'armée qui, en raison de la constitution de l'armée prussienne, font à la fois le service des troupes et celui du territoire.

L'état-major d'un corps d'armée se compose généralement de :

1 officier supérieur, chef d'état-major ;

Et 2 officiers adjoints, l'un du grade de major, l'autre du grade de capitaine.

Quant au service des aides de camp, il est généralement fait par des officiers de troupe.

Par suite, l'état-major prussien est moins nombreux que l'état-major français. On estime qu'en Prusse il y a un officier d'état-major par 2,500 hommes, tandis qu'en France il y a à peu près un officier par 1000 hommes.

Le recrutement du corps d'état-major prussien a lieu de la manière suivante :

On devient officier d'état-major dans l'armée prussienne après avoir suivi les cours de l'école générale de la guerre et après avoir été employé aux travaux du bureau topographique ;

L'école de la guerre a remplacé, en 1816, l'école militaire créée par le grand Frédéric.

Cette école est commandée par un officier général pour tout ce qui est relatif à la tenue et à la discipline de l'établissement. Les études sont dirigées par une commission spéciale présidée par un autre officier général.

Le but de l'école de la guerre est de compléter l'instruction théorique d'officiers déjà instruits et au courant des détails du service d'une arme quelconque, de les initier à la solution des hautes questions de l'art de la guerre et de former ainsi une pépinière d'officiers généraux en même temps que d'officiers d'état-major.

Nul ne peut être reçu à l'école de la guerre qu'après avoir subi un examen et servi au moins trois ans en qualité d'officier

Cet examen se passe par écrit et roule sur les mathématiques, l'histoire, la géographie, les langues allemande et française, enfin sur la tactique particulière de l'arme dans laquelle on sert.

Les candidats se rendent tous les ans, vers le mois

de mars au chef-lieu de leur division ; ils se présentent devant une commission nommée à cet effet, qui décachète en leur présence les questions envoyées de Berlin par la commission des études, et ils se mettent immédiatement à l'ouvrage. La commission tient note du temps qu'ils emploient et des livres qu'ils consultent.

Toutes les pièces du concours, avec les observations de la commission, sont transmises à Berlin, où l'on désigne ceux des officiers qui méritent, tant par leurs travaux que par leur bonne conduite militaire, d'être admis à l'École de la guerre.

Les officiers admis à l'École doivent prendre l'engagement de ne pas quitter volontairement le service avant d'avoir servi au moins deux ans pour chacune des années qu'ils auront passées à l'École.

La durée des études est de trois ans.

Les plus célèbres professeurs de l'Université et des officiers habiles et expérimentés se partagent les différents cours.

En 1834, l'instruction était donnée par 14 professeurs civils et 10 militaires.

Les cours commencent le 15 octobre et se terminent le 15 juillet.

Tous les six mois, les officiers subissent par écrit un examen sur les matières qu'ils ont étudiées. A la fin de l'année scolaire, ils retournent pendant trois mois à leurs régiments pour y reprendre leur service, à l'exception de ceux dont les corps sont à plus de cinq jours de marche de Berlin. Dans ce cas, ces officiers sont placés dans des régiments en garnison à Berlin ou dans les environs.

Les officiers qui n'ont pas suivi avec fruit les cours

d'une année ne sont plus rappelés à l'école l'année suivante.

Pendant leur séjour à l'École, les officiers sont tenus de visiter avec le plus grand soin et à plusieurs reprises les établissements militaires de Berlin.

A la fin de leur troisième année, ils font à cheval, dirigés par un officier supérieur, un voyage que l'on peut appeler stratégique, dans les environs de la capitale. On reconnaît le terrain ; on fait des levés à vue ; on suppose deux armées en présence ; on les range en bataille ; on manœuvre ; on exécute des passages de rivière, etc..... A la fin de cette campagne supposée, qui dure ordinairement quinze jours, les officiers doivent présenter un mémoire détaillé avec croquis et plans de toutes les opérations qui ont été étudiées.

L'École de la guerre possède une belle bibliothèque militaire de plus de 15,000 volumes, des atlas magnifiques, des cabinets de physique et de chimie, des salles de modèles et de relief de toutes les machines de guerre et de tous les ouvrages de fortification.

Elle possède encore une salle de conversation où se trouvent les journaux allemands et étrangers, des jeux d'échecs, de trictrac, etc., etc., et où se réunissent les officiers.

On reçoit annuellement 36 officiers à l'École de la guerre, 4 par corps d'armée. On permet en outre à quelques officiers dont les corps sont en garnison à Berlin de suivre les cours.

En 1834, 131 officiers, dont 102 d'infanterie, 23 de cavalerie et 6 d'artillerie, se trouvaient à l'École.

Les officiers ne sont point logés dans les bâtiments de l'École. Ils reçoivent pendant le temps de leur séjour à Berlin un supplément de solde.

Les frais de l'établissement sont portés sur le budget de la guerre pour une somme d'un peu plus de 80,000 fr.

Des officiers étrangers sollicitent et obtiennent fréquemment l'autorisation de suivre les leçons de l'École de la guerre. On y voit surtout des officiers appartenant aux divers États de la Confédération germanique.

Les avantages de cette École pour les officiers et pour l'armée sont incontestables. C'est un titre recherché pour les officiers, disait, en 1828, M. de Caraman, que d'avoir été admis à cette école et d'en avoir suivi les travaux. Cela les met sur les rangs pour être appelés par la suite aux emplois les plus élevés de l'armée.

Comme nous l'avons vu, c'est l'École de la guerre qui assure le recrutement du corps d'état-major prussien.

Étudions maintenant l'*état-major autrichien*.

Le corps d'état-major, en Autriche, est chargé de la partie scientifique de l'art de la guerre, de l'étude du terrain, de la préparation des opérations militaires, des marches et mouvements de troupe, des travaux géodésiques et topographiques, enfin de la conservation des archives de la guerre.

Tel est son rôle général, analogue à celui des états-majors des autres puissances. Passons aux détails de son organisation, de son service et de son recrutement.

Le corps d'état-major, en Autriche, est commandé par un lieutenant général, quartier-maître général.

Il se compose ensuite de :

    2 généraux-majors ;
13 colonels ;
19 lieutenants-colonels ;

20 majors;

80 capitaines,

Et quelques lieutenants.

Il faut y joindre plusieurs corps particuliers:

1° Le corps des aides de camp (*adjudanten*) formé d'officiers de toutes armes choisis par les généraux. Il est aussi nombreux que le corps d'état-major proprement dit;

2° Le corps des ingénieurs-géographes, comprenant:

1 capitaine;

5 lieutenants;

2 sous-lieutenants.

7 dessinateurs;

Et 1 comptable.

Ce corps est sous les ordres directs du chef de l'état-major. Il est attaché au Dépôt de la guerre et s'occupe spécialement de géodésie et de topographie.

3° Enfin l'état-major, en Autriche, a sous ses ordres un certain nombre de corps de troupe, savoir:

Les pionniers, chargés de la construction et de la réparation des ponts et des routes;

Des marins, chargés de manœuvrer des chaloupes canonnières sur les fleuves et sur les lacs;

Un régiment d'infanterie et un régiment de dragons, dont l'effectif varie suivant les besoins et qui fournissent les escortes et les ordonnances aux divers quartiers généraux.

Le service du corps d'état-major se divise en deux parties:

1° Le service des états-majors d'armées et de corps d'armée;

2° Le service du Dépôt de la guerre.

Dans un corps d'armée, l'état-major se compose ordinairement de :

1 chef d'état-major, colonel ou lieutenant colonel ;

1 major ;

2 ou 3 capitaines adjoints.

Il y a généralement 3 bureaux.

Le premier, sous la direction du chef d'état-major ou quartier-maître, est chargé des rapports ou mémoires adressés à l'Empereur, au Conseil aulique, aux autorités civiles ou militaires. On y exécute tous les travaux relatifs aux opérations. On y prépare les ordres de marche, de bataille, etc. ; on y réunit les résultats des reconnaissances, les rapports des déserteurs, des prisonniers etc.

Le second bureau, dirigé ordinairement par le major ou chef d'escadron est chargé de la rédaction et de l'expédition des ordres de service, des propositions d'avancement, des récompenses, des rapports sur les pertes, du maintien des tours de service, etc., etc.

Enfin le troisième bureau est celui de l'administration, qui est chargé des affaires relatives au commissariat ou intendance de l'armée, aux subsistances des troupes, au service de santé, à la justice militaire, aux affaires religieuses, au service des postes, aux relations administratives avec le pays, etc.

Telle est la première partie du service de l'état-major en Autriche.

La seconde est relative au Dépôt de la guerre.

Ce Dépôt s'occupe, comme le nôtre de géodésie, de topographie, d'histoire et de statistique.

On y établit les cartes des possessions autrichiennes.

On y rédige les relations des anciennes guerres. On y tient au courant la statistique militaire des divers États de l'Europe. On fournit au Conseil aulique les mémoires qu'il demande sur divers sujets militaires.

Ce dépôt est sous les ordres directs du lieutenant général, quartier-maître général.— Il est organisé en 6 bureaux.

1° Celui du chef de l'état-major ;

2° Celui des marches et mouvements ;

3° Le bureau historique ;

4° Le bureau des calculs trigonométriques ;

5° Le bureau du dessin et de la gravure ;

6° Enfin le bureau des ateliers topographiques et lithographiques.

Le recrutement du corps d'état-major, en Autriche, est assuré au moyen d'une académie militaire, analogue aux écoles des autres puissances.

Il faut joindre à ces détails sur le corps d'état-major autrichien quelques mots sur le Conseil aulique, institution particulière à l'Autriche, et qui se trouve en relation intime avec le corps d'état-major.

Le Conseil aulique est une espèce de conseil de la guerre et en même temps de haute cour militaire.

Il siége à Vienne.

Il reçoit immédiatement les ordres de l'Empereur. Il est chargé de l'administration supérieure et en même temps de la haute direction de tout ce qui concerne les armées de terre et de mer.

Il se compose de :

1 président, habituellement feld-maréchal ;

2 vice-présidents, généraux-lieutenants ;

D'un certain nombre de généraux et de conseillers. ;

Enfin d'un certain nombre de secrétaires et de rapporteurs.

Le Conseil aulique est divisé en bureaux qui correspondent aux différentes branches du service. Chaque bureau est partagé en plusieurs directions.

L'influence du Conseil aulique a été fatale aux armées autrichiennes dans les guerres de la Révolution et de l'Empire. Aujourd'hui, cette influence est renfermée dans de plus justes limites.

Nous arrivons à l'*état-major russe*.

En Russie, le corps d'état-major se compose de 400 officiers de tous grades environ, qui jouissent du privilége d'avoir un grade supérieur à celui dont ils sont titulaires. Ils en ont deux de plus quand ils sont dans la garde.

Il y a, dans le corps d'état-major russe :

17 officiers généraux ;
32 colonels ;
48 lieutenants-colonels ;
60 capitaines ;
80 lieutenants ,

plus les aides de camp et un certain nombre d'adjoints.

Le service du corps d'état-major russe est analogue au service français.

Il se divise en trois branches :

1° Le service des états-majors d'armées, de corps d'armée et de divisions ; les états-majors de divisions ayant été institués récemment ;

2° Le service des aides de camp; pour lequel les officiers d'état-major concourent avec les officiers de troupe ;

3° Le service du dépôt d'état-major et du ministère de la guerre.

Les états-majors d'armées, de corps d'armée et de divisions sont partagés en deux branches, relevant toutes deux du chef d'état-major.

Il y a d'abord dans chacun d'eux l'état-major proprement dit, comprenant :

    1 colonel ou lieutenant-colonel ;
    2 majors ,
et 2 officiers adjoints.

Cet état-major est chargé de la partie purement militaire, de la partie technique du travail ; il fait les reconnaissances et dirige les manœuvres.

Il y a ensuite la chancellerie, comprenant aussi 3 ou 4 officiers, et chargée des situations, de la correspondance, de la police militaire, du personnel, etc.

Quant au service des aides de camp, en Russie, il est analogue au service des aides de camp en France.

Enfin, le dépôt d'état-major est sous les ordres d'un officier général, et forme une branche du ministère de la guerre.

On y trouve 4 bureaux :

1° Celui des affaires courantes ;
2° Celui de la géodésie et de la topographie ;
3° Celui de l'historique ;
4° Celui de la comptabilité.

Il faut joindre à ce dépôt la chancellerie de la guerre, également placée au ministère et chargée de de la statistique, des archives, des dessins, des plans, des cartes, etc.

Les Russes font une carte de leur pays $\frac{1}{40.000}$ pour certaines parties, et au $\frac{1}{130.000}$ pour d'autres, particulièrement les steppes.

Cette carte est levée par un corps de topographes, comprenant une centaine d'officiers et 1000 à 1200 sous-officiers sortant du corps des enfants de troupe ou cantonnistes et qui sont chargés particulièrement de la partie manuelle du travail.

Le corps dont nous nous occupons est recruté par une école d'application nommée *Académie d'état-major de l'Empereur Nicolas*, et établie à Pétersbourg.

On y admet des officiers depuis le grade d'enseigne jusqu'à celui de capitaine en 2°, inclus, après deux ans de service dans l'armée et après un concours.

Ce concours a lieu, vers le 1ᵉʳ septembre, à Saint-Pétersbourg, et il roule sur la littérature, l'histoire, la géographie, les mathématiques, les manœuvres, les langues étrangères, etc.

Les officiers admis à l'école y restent 2 ans. Ils logent en ville, viennent à l'académie à 7 h. 1/2 du matin et en sortent vers 3 h. 1/2.

Les cours commencent vers le 1ᵉʳ octobre; ils se terminent vers le 15 mai.

Ces cours sont les suivants :

Le cours de tactique élémentaire;

Celui de grande tactique;

Celui d'histoire militaire;

Celui de stratégie;

Celui de statistique militaire;

Celui d'administration;

Celui de topographie;

Celui de géodésie;

Celui de fortification;

Celui d'artillerie;

Enfin, les langues étrangères, le français et l'allemand.

En même temps, les élèves font des travaux d'application, dessins et mémoires, qui viennent à l'appui de chaque cours.

Parmi ces travaux, nous remarquerons le résumé critique d'un ouvrage militaire, ayant pour objet de préparer les officiers à la lecture approfondie des ouvrages militaires, et à la comparaison des doctrines et des principes professés dans chacun d'eux.

Vers le 15 mai, les élèves de l'académie vont lever des plans dans la province de Novogorod. Ils y trouvent un terrain suffisamment varié.

Ils rentrent ensuite à l'école, où ils préparent leurs examens.

Il y a deux espèces d'examens :

Les examens de passage de première année en seconde année ;

Et les examens de sortie.

Ces examens ont lieu vers le 20 septembre.

Leur échelle d'appréciation varie de 0 à 12.

Les élèves qui sortent avec les premiers numéros sont envoyés dans la garde.

Nous terminons ici l'étude des états-majors étrangers et, en même temps, l'étude de l'organisation et du service des états-majors.

Nous avons cherché à les faire connaître d'une manière générale, à faire comprendre leur rôle et leur utilité.

On a souvent comparé une armée à une machine.

Le moteur, a-t-on dit, est représenté par le commandement.

Les différentes armes représentent les outils ou instruments.

On peut dire que les états-majors sont les agents, les organes chargés de la transmission du mouvement et de sa régularisation. Ce sont les intermédiaires indispensables entre le commandement et les troupes.

II.

Arrivé à la fin de notre travail, et au terme de la carrière que nous devions parcourir, il nous semble utile de dire quelques mots de la littérature militaire, et particulièrement des principaux ouvrages qui ont servi à la rédaction du Cours, à établir sa charpente.

Les officiers qui auront puisé dans ces leçons le goût des études militaires pourront ainsi remonter aux sources, approfondir chacun des sujets que nous avons traités et compléter leur instruction.

Les ouvrages qui appartiennent à la littérature militaire peuvent se diviser en deux classes :

Les ouvrages anciens,
Et les ouvrages modernes.

Les premiers, dont nous avons déjà parlé dans l'Introduction du Cours, sont les suivants:

Ceux d'Hérodote, de Thucydide et de Xénophon pour la période grecque.

Ceux de Polybe, de César et de Végèce pour la période romaine ;

Les chroniques de Villehardouin, de Joinville et de Froissard pour le moyen âge ;

Les œuvres de Commines et de Machiavel pour la période de transition ;

Les ouvrages de Montluc, de Brantôme, de Lanoue, du duc de Rohan, de Montecuculli et de Turenne pour la période de la Renaissance.

Voilà les ouvrages anciens, les premiers à connaître, ceux dont l'étude sert à jeter les bases, à construire les fondements d'une bonne instruction militaire.

Les ouvrages modernes se divisent ensuite en 2 classes :

LES OUVRAGES DIDACTIQUES,

ET LES OUVRAGES HISTORIQUES.

Occupons-nous d'abord des ouvrages *didactiques* ou *dogmatiques*. Pour la première partie du Cours de 1re année, c'est-à-dire pour l'étude des institutions militaire des États, nous nous sommes servi des ouvrages suivants :

LES INSTITUTIONS MILITAIRES DU MARÉCHAL MARMONT, ouvrage substantiel, qui renferme beaucoup de choses sous peu de volume et qui aujourd'hui, bien mieux qu'autrefois les Commentaires de Montluc, mérite d'être appelé le bréviaire des gens de guerre.

LA PHILOSOPHIE DE LA GUERRE, du marquis de Chambray et une autre brochure du même auteur, intitulée : *de la Guerre.*

LES PRINCIPES DE LA GUERRE du général Clausewitz, ouvrage moins clair et moins utile que les précédents, mais où l'on peut cependant puiser quelques bonnes idées.

LA GUERRE DE LA PÉNINSULE, par le général Foy, pour le tableau politique et militaire des puissances belligérantes. C'est un véritable monument de littérature militaire. On y trouve en grand nombre des modèles de style et de composition.

L'HISTOIRE MILITAIRE DE CARRION-NISAS, dont le 1er

volume nous a été fort utile pour les premières leçons du Cours.

L'Annuaire de l'armée française.

Le Dictionnaire des armées de terre et de mer du général Bardin.

L'Organisation de la Prusse, par le marquis de Caraman.

Le n° 29 de la Revue britannique de 1855, où l'on trouve une étude remarquable des institutions militaires prussiennes.

L'Organisation de l'Autriche, par Ravichio de Petersdorf.

L'Organisation militaire de la même puissance, par le colonel Carrière.

Un article de M. Baude, dans la *Revue des Deux-Mondes*, 1859, présentant un tableau complet du système militaire autrichien.

L'Organisation militaire de la Russie, par Tanski.

Les institutions militaires du même pays, par le baron de Haxthausen.

Enfin l'ouvrage du commandant Haillot sur l'Organisation militaire des puissances européennes,

Ce sont là les ouvrages principaux qui nous ont servi pour la 1re partie du Cours de 1re année.

Pour la 2e partie, c'est-à-dire pour l'étude des différentes armes et l'organisation des armées actives, nous avons puisé nos idées principales dans les ouvrages suivants :

Les Rêveries du maréchal de Saxe, livre original, appartenant au siècle dernier, mais dont beaucoup d'idées sont encore parfaitement applicables dans le nôtre.

L'Essai de tactique de Guibert, ouvrage remarquable, fort de pensée et d'éloquence.

La Tactique des trois armes de Giustiniani.

Les ouvrages du général Renard sur l'infanterie et sur la cavalerie.

Le Cours de tactique de Decker.

Celui de Dufour.

L'infanterie légère de Duhesme.

L'Examen raisonné des trois armes, d'Okounef.

Les ouvrages sur la cavalerie de Varnery, de la Roche-Aymon, du colonel de Brack.

Les opuscules du maréchal Bugeaud sur l'infanterie.

Le Cours d'administration d'Odier.

Enfin l'Approvisionnement des armées du général Roguet.

Pour la 3ᵉ partie, c'est-à-dire pour les petites opérations et les reconnaissances, nous avons consulté particulièrement :

Les Petites Opérations de Lallemand.

Le Traité des reconnaissances militaires du colonel Chatelain.

Nous arrivons maintenant aux ouvrages relatifs au Cours de 2ᵉ année. Pour la 1ʳᵉ partie ces ouvrages sont :

La Constitution militaire de la France, du général Paixhans.

La Défense des États de Vanden Velden.

La Défense du système de guerre moderne, par Guibert.

Pour la 2ᵉ partie, c'est-à-dire pour la stratégie, nous avons :

Le Tableau des principales combinaisons de l'art de la guerre, par Jomini.

Le Traité des grandes opérations, par le même.

Les Principes de stratégie du prince Charles.

La Grande Guerre, par le même.

Les Considérations sur l'art de la guerre, par le général Rogniat, ouvrage très-remarquable dans ce qui regarde les grandes opérations.

Les Remarques critiques du général Marbot sur l'ouvrage précédent.

Les Mémoires de Napoléon par Montholon, renfermant des critiques fort intéressantes de l'ouvrage du général Rogniat.

La Réponse du général aux critiques de l'Empereur, ce qui complète cette polémique instructive.

Pour la 3ᵉ partie du Cours de 2ᵉ année, c'est-à-dire pour la grande tactique, nous avons utilisé particulièrement :

La Grande Tactique, du marquis de Ternay.

Et de plus, les ouvrages suivants, qui se rapportent en même temps à tout l'ensemble du Cours :

L'Art de la guerre du duc de Rohan.

Les Mémoires de Folard, de Feuquière, de Lloyd et de Frédéric.

Le Cours d'art militaire de Jacquinot de Presle.

Celui de Rocquencourt,

Et celui du commandant de Labarre Duparcq.

Il faut ajouter à ces ouvrages, qui se rapportent au Cours d'art militaire proprement dit, les ouvrages suivants, qui ont été consultés pour l'appendice, c'est-à-dire pour l'organisation et le service des états-majors :

RÉFLEXIONS SUR LE CORPS D'ÉTAT-MAJOR, par le général Thiébaut.

ÉTATS-MAJORS DES ARMÉES, par le général Grimoard.

MÉMORIAL D'ÉTAT-MAJOR, de Lavarenne.

MÉMORIAL de Chambouleron.

MANUEL du général Thiébaut.

SCIENCE DE L'ÉTAT-MAJOR, par Hardegg.

ÉTAT MILITAIRE du corps d'état-major en 1840.

Enfin le 1er volume du MÉMORIAL DU DÉPOT DE LA GUERRE.

Tels sont les ouvrages didactiques qui se rapportent au Cours d'art militaire.

Quant aux ouvrages historiques, nous avons vu ceux de l'antiquité, du moyen âge et de la Renaissance. Nous allons indiquer sommairement les ouvrages modernes, nous réservant d'en parler avec détails dans une HISTOIRE ABRÉGÉE DES CAMPAGNES MODERNES.

Ces ouvrages sont les suivants :

Pour les campagnes de Turenne : les Mémoires de ce grand homme, les ouvrages de Quincy, de Ramsay et de Beaurain.

Pour les campagnes de Frédéric, l'HISTOIRE DE MON TEMPS, les Mémoires de Bourcet, ceux de Lloyd, de Napoléon, enfin l'ouvrage de Jomini.

Pour les campagnes de la Révolution, les ouvrages de Thiers, de Jomini, de Gouvion Saint-Cyr, les VICTOIRES ET CONQUÊTES, etc.

Pour les guerres de l'Empire, les ouvrages de Mathieu-Dumas, Thiers, Pelet, Suchet, Gouvion-Saint-Cyr, Chambray, Foy, Napier, Marmont, Boutourlin, Vaudoncourt, Koch, les Mémoires de Napoléon, du roi Joseph, du prince Eugène, etc.

L'ensemble de ces ouvrages, soit didactiques, soit historiques, forme la littérature militaire. Il faut y joindre les ouvrages périodiques, revues et journaux. C'est dans les uns et les autres que l'on peut puiser les principes de l'art de la guerre et les éléments d'une sérieuse instruction militaire.

FIN.

TABLE DES MATIÈRES.

PUBLICATIONS NOUVELLES.

J. Laisné. Aide-Mémoire portatif à l'usage des officiers du génie; 4ᵉ édition, 1861. 1 vol. in-12 avec planches.   12 fr.
> *Franco* par la poste.   13 fr.
> Relié.   14 fr.
> *Franco* par la poste.   15 fr.

Meurdra, Capitaine du génie, Professeur d'art militaire et de géodésie à l'École d'application de l'artillerie et du génie. Ponts militaires et passages des rivières. 1 vol. in-8°. 1861.   8 fr.
> Port par la poste.   8 fr. 50

E. T. Étude sur les manœuvres d'infanterie. Conférences sur les carrés in-8° avec planches, *franco* par la poste.   2 fr. 50

Masquelez. Notions élémentaires sur la fabrication et l'emploi des armes et des munitions de l'infanterie ; ouvrage utile aux militaires et aux chasseurs. 1 vol. in-12, 2ᵉ édition augmentée d'un appendice, avec planches. 1861.   5 fr.
> *Franco* par la poste.   5 fr. 50

Parran. Capitaine adjudant-major. Guide théorique et pratique des manœuvres de l'infanterie d'après l'instruction du 13 février 1861.

École de peloton, (Titres III, IV et V.) 1 vol. in-18.	Broché.	75 c.
	Cartonné, toile anglaise.	1 fr.
École de bataillon, 1 vol. in-18.	Broché.	1 fr. 50
	Cartonné, toile anglaise.	2 fr.
LES DEUX ÉCOLES RÉUNIES, 1 vol. in-18.	Broché.	2 fr.
	Cartonné, toile anglaise.	3 fr.

Parran. Fonctions des guides dans les manœuvres et fonctions des sous-officiers en tirailleurs ou tableaux synoptiques des manœuvres d'infanterie, d'après l'instruction ministérielle du 13 février 1861 ; à l'usage des guides et serre-files ; 1 vol. in-18.   50 c.

Quiquandon, Chef de bataillon du génie. Notions historiques et pratiques de topographie appliquées aux levers nivelés et à la boussole. 1 vol. in-8° avec 10 planches, dont plusieurs sont coloriées.   7 fr.
> *Franco* par la poste.   7 fr. 50

Thiroux, Lieutenant-Colonel d'artillerie. Instruction théorique et pratique d'artillerie, à l'usage des élèves de l'École militaire de Saint-Cyr. 4ᵉ édition. 1 vol. in-8° avec 21 planches.   10 fr.
> *Franco* par la poste.   11 fr.

Vignotti, Capitaine d'artillerie. De l'analyse des produits de la combustion de la poudre considérée comme moyen de comparer entre elles les propriétés des diverses poudres. In-8°. 1861.   2 fr. 50

NOTA. Pour recevoir un de ces ouvrages *franco* par la poste, envoyer la valeur en timbres-poste à M. J. Dumaine.

Paris. — Imprimerie de Cosse et J. Dumaine, rue Christine, 2.